播音主持学术文丛 第三辑

罗幸　黄鑫磊◎著

中国当代记者型主持人研究

ZHONGGUO DANGDAI JIZHEXING ZHUCHIREN YANJIU

中国传媒大学出版社

·北京·

图书在版编目(CIP)数据

中国当代记者型主持人研究/罗幸,黄鑫磊著. ——北京:中国传媒大学出版社,2017.12

ISBN 978-7-5657-2158-8

Ⅰ.①中… Ⅱ.①罗… Ⅲ.①电视新闻—主持人—研究—中国—现代
Ⅳ.①G222.2

中国版本图书馆 CIP 数据核字（2017）第 224293 号

中国当代记者型主持人研究

ZHONGGUO DANGDAI JIZHEXING ZHUCHIREN YANJIU

著　　者 罗　幸　黄鑫磊
策划编辑 赵　欣
责任编辑 张　笛
责任印制 曹　辉
封面设计 郭　琳

出版发行 中国传媒大学出版社
社　　址 北京市朝阳区定福庄东街 1 号　邮编:100024
电　　话 86—10—65450528　65450532　传真:65779405
网　　址 http://www.cucp.com.cn
经　　销 全国新华书店

印　　刷 北京玺诚印务有限公司
开　　本 710mm×1000mm　1/16
印　　张 13.5
字　　数 162 千字
版　　次 2017 年 12 月第 1 版　2017 年 12 月第 1 次印刷

书　　号 ISBN 978-7-5657-2158-8/G·2158　**定　　价** 59.00 元

前 言

记者型主持人较一般主持人而言,集记者和主持人双重身份于一身,以节目主创的身份深入参与节目创作的整个过程。近年来,记者型主持人在媒体发展的变革中充分发挥了自身的优势,受到了学界和业界越来越多的关注。媒体发展进程的不断加快,使得信息传播效率不断提高、传播渠道逐渐多元化。面对巨大的信息流,受众需要的是权威、专业的信息传播者。

中央电视台《新闻调查》作为我国第一档电视新闻调查性报道栏目,自 1996 年开播至今,已经经历了 21 年的发展历程。在 21 年的发展历程中,《新闻调查》为我国电视新闻报道的发展注入了新的活力。可以说,《新闻调查》的 21 年是中国电视调查性报道成长的 21 年,也是记者型主持人在我国发展壮大的 21 年。栏目的发展既带动了各级媒体对记者型主持人的广泛关注,也为学界对记者型主持人的理论探索提供了坚实的研究样本。

本书以《新闻调查》栏目为研究样本，从两个方面对栏目中的记者型主持人进行探讨：一方面，探究记者型主持人作为调查行为的实施者、新闻事件的叙述者是如何将新闻“故事化”地传达给受众以及如何让受众不仅关注事件的结果，更注重新闻事件过程的诠释。提倡记者型主持人要注重新闻的情节脉络、考虑叙事的走向问题。从叙事学层面研究记者型主持人的叙事策略，丰富记者型主持人相关领域的研究，以期为记者型主持人的理论建构和实践操作提供一些借鉴。另一方面，从较有个性和特色的记者型主持人的个案研究入手，透视记者型主持人与《新闻调查》栏目的关系。通过分析他们在节目中的定位、地位和作用，归纳总结出记者型主持人在语言内容、语言表达层面的特点，剖析他们从容淡定、沉静睿智、理性深邃、刚柔并济的主持风格，并对记者型主持人个性化的主持艺术进行探究，希望能呈现一个个富有生机的鲜活案例，为节目主持人研究提供一个开放性的前瞻思考。

由于作者水平有限，本书还有许多不足之处，恳请批评指正。

罗幸

2017 年 8 月

目　录

CONTENTS

绪 论

第一节 课题研究的背景和意义

一、研究的背景

随着媒体产业发展进程的不断加快，产业布局朝着精细化、专业化、深入化的方向前进。面对信息传播渠道的多元化，在纷繁复杂的信息汇流中，受众需要专业、权威的信息传播者。广播电视节目主持人作为信息的发布者、传播者，在30多年的发展进程中由原来的仅仅是出声露面地被动传播信息，到现在逐步参与到节目创作的整个流程，甚至成为节目的主创之一，可以说充分发挥了主持人的主观能动性。记者型主持人因为集主持人、记者双重角色于一身，对于信息的感知力与感召力明显，近年来受到了学界和业界越来越多的关注。

电视调查性报道本身就具有非常鲜明的叙事特征，而作为电视调查性报道的核心——记者型主持人则利用其叙事能力和技巧，在新闻事件的呈现中起到承上启下的推动性作用。中央电视台的《新闻调查》是中国第一档以“调查”命名的电视调查性报道节目，其模式借鉴于美国哥伦比亚广播公司(CBS)的《60分钟》。在此基础之上，《新闻调查》以探索事实真相为目标，通过记者的调查揭示真相，挖掘内幕。同时，《新闻调查》也是我国媒体第一次对记者型主持人进行应用性探索。自 1996 年至今，走过 20 多个年头的它依然是我国电视调查性报道节目中的典范。《新闻调查》培养了一大批优秀的记者型主持人，从研究样本上来说具有较高的研究价值。此外，目前我国关于记者型主持人的研究大多是经验性的总结，并没有形成相应的理论，缺乏一定的指导性和实践性。因此，本课题从叙事的把关人、叙述者——记者型主持人出发，探究其在调查性新闻报道叙事进程中所使用的叙事策略、主持艺术等。希望本课题的研究能为记者型主持人的理论建设、实践指导提供一些借鉴。

二、研究的意义

近年来，记者型主持人逐渐在各级电视台受到重视并承担起更多的报道任务。在新的传播形势下，尤其是随着直播节目、现场报道以及深度报道的增多和常态化，记者型主持人更是由早期的试水探索转变成主持人节目中的常规配置。再加上受众主体意识高涨，看清眼前的、关注背后的收视心理导致受众对于事实真相的追寻不再流于表面，而是开始抱着质疑的态度渴望了解真实的现状。因此，开展对记者型主持人叙事策略的相关研究，具有一定的理论意义和实践意义。

（一）理论意义

与主持人相关的理论研究已经有很多，而对于记者型主持人的研究却是在近十年间才逐渐兴起的。在众多的研究角度中，我们鲜少发现有专门聚焦记者型主持人在电视调查性报道节目中的叙事研究。关于记者型主持人的研究大多是由业界进行的经验性总结和业务探讨，系统的学术研究相对匮乏，无法应对媒体一线对记者型主持人日益增长的需求。而本文关于记者型主持人的叙事策略研究既丰富了电视新闻深度报道的内涵，也在一个新的理论框架背景下对记者型主持人相关理论的建设起到辅助作用，同时也扩展了新闻叙事学的研究领域。

（二）实践意义

近年来，随着传媒产业的不断发展，媒体间的竞争变得异常激烈，记者型主持人的出现可以说成了媒体间相互竞争的有力武器。在信息过剩的时代，受众更倾向于选择条理清晰、逻辑鲜明、见解独到的记者型主持人为其进行信息的传递服务，记者型主持人在媒体一线所受重视的程度可见一斑。成为一名优秀的记者型主持人可以说是记者、主持人提升专业技能和职业素养的目标，尤其是在我国新闻改革步伐不断加快的前提下，如何让受众不仅关注事件的结果，更注重新闻事件的发展过程、情节脉络、叙事走向，值得作为新闻叙事把关人的主持人认真深思。本文从实践的角度对记者型主持人进行研究，对提高记者型主持人的自身素质和专业技能具有重要的指导意义。

第二节　文献综述

一、关于记者型主持人的研究

传播学四大奠基人之一的哈罗德·拉斯韦尔(Harold Lasswell)对人类的传播活动进行分析,得出了传播过程的五要素,即著名的"5W"模式:谁(Who)、说什么(Says What)、通过什么渠道(in Which Channel)、对谁(to Whom)、取得什么效果(with What Effect),一直是传播学研究领域的重点。然而在这条传播链当中,唯独关于传播者的研究相对匮乏。主持人、播音员位于大众传播媒介与受众之间的中介位置,传递信息并驾驭节目进程,在传播环节中,是当之无愧的主导者。虽然大众传播媒介在西方发达国家出现的时间比我国要早,但对于主持人、播音员的理论研究却寥寥无几,相关专业的建设也只有我国有系统性的培养方案。而将研究的主体进一步聚焦到"记者型主持人"以及放在电视新闻调查性报道节目中研究其叙事策略的,在国内外的研究文献中都不多见。

记者型主持人最早可追溯到美国CBS的爱德华·默罗(Edward R. Murrow),他主持的《现在请听》《这里是伦敦》等广播节目因其客观、冷静的报道风格深受听众喜爱。二战期间,爱德华·默罗因为及时报道伦敦战况还被誉为"现场报道的鼻祖"。后来出现的沃尔特·克朗凯特(Walter Cronkite)可以说是美国电视新闻史中又一位重量级人物，他以平易近人的主持风格、庄重稳健的屏幕形象和准确客观的讲解获得了美国观众的认可，被观众称为“最可信赖的人”。克朗凯特在担任《晚间新闻》主持人期间还负责新闻节目的选题策划和采访报道，并投入了大量的心血贯穿于节目生产的始终。不管是在“水门事件”还是越南战争、总统选举的报道中，克朗凯特都展现出了惊人的实力，为美国观众留下了深刻的印象，而他的主持也为后来的记者型主持人树立了良好的典范。除此之外，美国 CBS 王牌新闻节目《60 分钟》首席主持人迈克·华莱士（Mike Wallace）和主持人莫利·塞弗（Morley Safer）、《晚间新闻》主持人丹·拉瑟（Dan Rather）都可以说是非常优秀的记者型主持人。由此可见，记者担任主持人是西方许多国家的新闻传统，尤其在美国，主持人作为节目的主创之一，“他们拥有很大的发言权。他们参与节目的选题、策划和编排，通常亲自撰写串联词，有权对新闻的播出与否及播出顺序进行调整，并能够在节目中自如地把新闻有机结合在一起。他们具有非常高的职业素养”①。

在中国知网（CNKI）中检索“记者型主持人”，检索时间跨度：1996 年—2016 年；检索的标准时点：2016 年 12 月 31 日。结果：根据“全部文献”的检索条件，共检索出论文 177 篇，各年份及各议题的研究分布如下表所示。

① 刘茗蔚. 论记者型电视节目主持人[D]. 济南：山东师范大学，2009.

表　我国记者型主持人研究议题分类(单位:篇)

研究领域和核心课题＼年份	1996	1997	1998	1999	2000	2001	2002	2003	2004	2005	2006	2007	2008	2009	2010	2011	2012	2013	2014	2015	2016	合计
记者型主持人培养、能力建构								1			1	1	1	5	1	5	2	4	7	3	5	36
记者型主持人角色定位、风格塑造	1	1			1			1		1					1	1	2	2	1	4	3	19
记者型主持人职业素养											1	2		5	2	9	6	11	7	4	7	54
记者型主持人发展趋势																		2		3		5
记者型主持人采访技巧				1													2	2	3	2	2	12
记者、主持人向记者型主持人角色转换		1								2				1	1				3	4	1	13
其他			3	1	1		1	1	1	1		2	4	2	2	3	2	5	3	3	3	38
合计	1	2	3	2	2	0	1	3	1	4	2	5	5	13	7	18	14	26	24	23	21	177

注:同类内容的文献数量未达3篇的归为其他类型。

我们对以上结果进行分类整理发现,有关记者型主持人的研究是自央视《新闻调查》栏目开播后才引起关注的。可以说,《新闻调查》栏目的开播带动了学界和业界对记者型主持人进行探索和研究。从研究视域来看,自1996年第一篇有关记者型主持人的相关论述到2016年整整20年间,前十年的研究成果偏少,有关记者型主持人的研究还处于基础状态,主要集中在记者、主持人向记者型主持人的转换和记者型主持人的角色定位、风格塑造上。比如,《谈谈记者型主持人的转型效应》(魏艳文,1997)认为记者向主持人转型的标志之一就是从过去单一的采访式编辑,发展成为当今集采编播于一身的全能型新闻从业人员。[①] 唐晓晔1998年在《声屏世界》发表了两篇学术论文,探讨记者型主持人及其节目的魅力,以及记者型主持人为什么能对受众、媒体、主持人自身产生如此大的吸引力。这两篇文章分别是《记者型主持人及其节目的审美初探(上)》和《记者型主持人及其节目的审美初探(下)》。文章强调,1997年在中央电视台的引领下,各省级台、地方台纷纷推出主持人节目。一时间,越来越多的"记者—主持人一体化"栏目出现在屏幕上,并成为名牌栏目。正是因为"记者—主持人一体化"栏目的盛行,引发了人们对记者型主持人的关注。唐晓晔分别从"真实美""个性美""和谐美""人文美"四个方面阐述记者型主持人及其节目的魅力所在,认为这"四个美"不应当只是记者型主持人及其节目的审美标准,更应该成为该岗位从业人员对自身要求的尺度和追求的目标。[②]《电视新闻评论需要记者型主持人》(马津津,1999)提到新

---

① 魏艳文.谈谈记者型主持人的转型效应[J].新闻前哨,1997(2):27.

② 唐晓晔.记者型主持人及其节目的审美初探[J].声屏世界,1998(11):45.

闻评论节目的主持人应该严肃、庄重、客观、真实，点评言简意赅并具有一定的权威性。文章认为一个成熟记者、主持人的功力有多深，对事物的认识就有多深，并呼吁更多的记者型、知识型主持人的出现，因为他们是推动和深化新闻评论这一重要报道形式的关键。[①]《电视新闻主持人三题》（陈力菲，2000）从电视新闻节目主持人的三个方面进行论述，分别是主持人与播音员、主持人与记者、主持人与明星，其中提到记者型主持人将主持人是最好的记者这一理念应用到了实践中，知识化和平近的交谈风格成为主持人的新特点。[②]《对录音述评节目中记者型主持人定位的思考》（李慧敏，1997）第一次将记者型主持人创作的平台瞄准了广播媒体。文章首先提到"近两年，我国广播论坛出现了一种富于生命力的独特的评论样式——录音述评节目，一批年轻的记者型主持人带着他们的一套新打法，勇敢地开辟广播论坛这块生机盎然的新天地"[③]，然后从记者型主持人的角色、语言、风格、情感的定位上分析其在录音述评节目中的表现，鼓励记者型主持人做到节目在内容与表述形式上的有机结合。可以看出，记者型主持人初露荧屏仅一年就被各方媒体广泛关注并进行了尝试性探索，一方面体现出媒体从业人员高度的职业敏感性，另一方面体现出记者型主持人作为新型主持人所引发的热度和媒体呼唤更多记者型主持人的出现。《记者型主持人也应注意语言规范和语音形象》（王福生，2005）提出，虽然记者型主持人越来越受到受众认可，但也应看到其在主持节目和解

---

① 马津津. 电视新闻评论节目需要记者型主持人[J]. 当代电视，1999(11)：37.

② 陈力菲. 电视新闻主持人三题[J]. 盐城师范学院学报(人文社会科学版)，2000(8)：141.

③ 李慧敏. 对录音述评节目中记者型主持人定位的思考[J]. 中国广播电视学刊，1997(5) 49.

说、现场口述报道中所表现的语音形象不佳及语言功底较差的缺憾。他们应当同播音员、主持人一样，树立起语言规范的意识。①

纵观记者型主持人后十年的研究视域，总体来说，研究成果所涉及的领域有所拓宽，讨论议题不断丰富，研究方向愈加多样化。有从新闻调查类节目记者型主持人角度来谈职业素养的，比如《论记者型主持人的职业素养》(罗幸，2013)；还有从财经类节目记者型主持人角度来谈职业素养的，比如《论财经节目记者型主持人的专业素养》(张继娅，2009)等。而相对于率先开启记者型主持人应用探索的央视而言，各级电视台在记者型主持人领域的实践也开始引起人们的关注，其中有两篇论文研究较为深刻：一篇是广西艺术学院邓建勋的论文《浅析县市级电视台记者型主持人的素养和角色定位》(2015)；另一篇是淮南矿业集团有线电视台新闻部主持人赵正夫的论文《浅析企业电视台记者型主持人的塑造》(2014)。邓建勋在《浅析县市级电视台记者型主持人的素养和角色定位》中运用社会学的角色理论对记者型主持人的角色定位做了分析，并对县市级电视台记者型主持人存在的问题和发展趋势做了探讨。赵正夫在《浅析企业电视台记者型主持人的塑造》中就企业电视台为什么需要记者型主持人以及企业电视台记者型主持人应该具备哪些素养进行了探讨。除此之外，还有不少媒体从业者从自身实践角度出发，对记者型主持人进行了研究。例如，《记者型主持人叙事策略探析》(张凯旋，2014)认为记者型主持人的叙事策略是推动媒介发展的核心，但论述过程多为经验总结，缺乏案例的支

① 王福生.记者型主持人也应注意语言规范和语音形象[J].中国广播，2005(2)：44.

撑;《基于融媒体时代记者型主持人的打造策略研究》(许峰,2015)认为在融媒体时代,媒体只有对记者型主持人进行全面打造,才能够获得更好的传播效果,并对打造策略做了分析;《论深度报道节目中记者型主持人的语言艺术》(陈慧、张梦格,2013)通过深度报道节目实例,分析了记者型主持人在新闻深度报道节目中分别扮演"主持人"角色和"记者"角色时,如何充分发挥语言艺术为节目增色,等等。

著作方面关于记者型主持人的研究则显得更为匮乏,以"记者型主持人"为论述核心的书籍仅有两本:一本是中国传媒大学电视系张龙博士的《记者型主持人角色论》(2009),这本专著以中央电视台《新闻调查》栏目为研究样本,深入探究记者型主持人的社会角色,当中提到"主持人角色对于电视新闻节目,尤其是电视深度报道节目而言起着至关重要的叙事功能"[①],并对记者型主持人的叙事功能进行了论述。另一本则是《融媒时代的播音主持艺术研究:记者型主持人》。这本书是暨南大学在2013年举办的首届华语主持传播高峰论坛暨融媒时代记者型主持人发展研讨会的论文集,收录了与会专家学者对记者型主持人发展所做的相关论述。

(一)记者型主持人的培养与能力建构

随着记者型主持人的不断发展,关于记者型主持人在实践中应该具备什么样的能力,相关能力的建构应该从何处着手,以及记者型主持人的培养在当下得到了不少研究者的关注。

---

① 张龙.记者型主持人角色论[M].北京:中国广播电视出版社,2009:98.

颜泽玉认为编辑记者型主持人需要高度融入新闻编排的过程中，有非常强的新闻意识和快速筛选能力、口语播报能力、评论分析能力。①

沙睿认为一个优秀的记者型主持人应该思维敏捷开阔，知识丰富广博，评论新闻事件透彻深刻，但这些能力不是与生俱来的，而是源于平常对知识学习的积累和对社会的观察，所以要注重在平时培养提高记者型主持人的能力素质。②

孙慧萍在谈记者型主持人时提出了三点：首先，一个合格的记者型主持人要有丰富的生活阅历和从业经验；其次，必须胜任现代化的传播手段；最后，提到造成主持人临场发挥和现场采访报道出现欠缺的一个客观原因就是我们的人才培养机制存在一定的缺陷。文章认为，播音主持专业学生通过四年本科学习在播音专业素质方面有所提高，可是一旦遇到突发事件时问题就出现了，很少有主持人能够独立完成现场报道的采编任务。而要解决这样的问题，必须在高校的人才培养机制上着手，要因材施教，分层次招生，多角度办学；再有就是主持人的成长必须经过一线采访报道、后期编辑制作的训练，在熟练掌握了采编技能之后，再从幕后走到台前，参与节目的策划，这样才能在主持节目时驾轻就熟。③

刘枫认为从主持人的角度来说，记者型主持人必须对节目、新闻现场具有整体驾驭能力和全盘构思能力；从记者的角度来说，记者型

① 颜泽玉. 如何当好编辑记者型的新闻主持人[J]. 新闻与写作，2009(1)：51.

② 沙睿. 浅论记者型主持人能力素质的培养提高[J]. 才智，2014(1)：266.

③ 孙惠萍. 漫谈记者型主持人[J]. 新闻传播，2014(3)：302.

主持人应该具有极强的新闻叙事能力和新闻评论能力。总体来说，记者型主持人不仅要具备良好的语言思维能力，而且还要有超强的采访能力、写作能力、编辑能力和新闻策划能力，主持人的能力是其落脚点，记者的能力是其发挥个性特征的助力点。谈到如何培养记者型主持人，刘枫认为实践单位与高校联合培养是一个不错的选择。实践培养虽然速度较慢，效率较低，但效果较好；而高校培养虽然速度较快，但实践能力有所欠缺。因此，两者结合可取长补短，能迅速地将培养对象培养成预备状态。①

徐建芳从地方新闻台培养记者型新闻节目主持人的角度出发，认为地方台领导要给业务出色的记者提供主持的机会，有意识地引导一些名记者掌握主持技巧，从而顺利实现记者向记者型主持人的转变。②曾繁忠、罗花认为县市级电视台打造本土记者型主持人，首先要在人才选拔上转变观念，改变人才选拔过程中重外表轻内涵、重年龄轻阅历、重语言轻素养的现状；其次要更新播报方式，打破县市级电视新闻节目内容大多是会议报道(报道模式是“口播＋图像＋配音”)的壁垒，让新闻节目主持人成为事件的亲历者，而不是一个转述记者稿件的语言工具；最后要注重选拔培养，科班教育是培养优秀节目主持人的重要途径，县市级电视台要加强与相关院校的合作，定期选送在职人员到高校进修，还要在台内采取师傅带徒弟等培养锻炼方法，给业务出色的记者提供担任主持人的机会，有意识地引导一些名记者掌握主持

① 刘枫.记者型主持人的能力要求及培养模式[J]. 中国广播电视学刊，2011(2)：62.
② 徐建芳.地方新闻台亟需培养记者型新闻节目主持人[J].新闻界，2006(3)：131.

技巧，从而实现角色转换。①

（二）记者型主持人的角色定位与风格塑造

随着电视媒体市场竞争的日益激烈，不少电视台意识到记者型主持人是其个性化、品牌化建构的重要一环。对于记者型主持人在不同媒体体制下的角色定位与风格塑造，以及记者型主持人的品牌化打造、风格成因等相关议题也引起了不少学者的研究兴趣。

罗幸认为对于调查类节目而言，记者型主持人已不仅仅是一般意义上的主持人。作为记者，他必须亲临现场直接参与整个新闻事件的调查和报道，并对整个新闻事件的报道起到主导作用。作为主持人，他是整个节目的策划者、组织者和传达者。他要把媒体的意图通过自己对节目的理解传达出来，从而起到媒体与受众沟通的桥梁作用。由于拥有双重身份，记者型主持人不能仅从记者或主持人单方面入手考虑问题，而要从节目整体出发，既要完成对整个事件的具体采访，又要考虑主持方式，最终在镜头前用个性化的语言和思维方式把整个事件的前因后果向观众娓娓道来，从而让观众在他的引导下深入了解报道内容。②

刘辉认为记者型主持人的角色定位首先是新闻报道中的主持人，他应直接参与新闻报道，对整个新闻报道的完成起到主导作用；其次，他应是富有权威性的记者，这体现在其对新闻事件的现场采访、现场

① 曾繁忠，罗花. 重视打造本土记者型主持人[J]. 声屏世界，2008(5)：45.

② 罗幸. 中国调查性报道初探——浅析中央电视台《新闻调查》栏目[J]. 学术论坛，2009(6)：189.

报道方面。而对于角色的把握，刘辉认为需要注意以下几点：首先要有节目整体意识，从全局出发统筹节目；其次要突出特点、张弛有度；然后要把握即兴采访点，提高问话技巧；最后记者型主持人应不断提高自身素质。①

曹晨认为在电视新闻节目竞争同质化的背景下，具有个性风格的记者型主持人是电视新闻节目核心竞争力的重要组成部分，其采访和串联的精彩与否已经成为节目品质的衡量标准，其各具风格的表现也使他们成为节目最鲜明的"代言人"。另外，曹晨从四个方面谈到记者型主持人风格形成的原因：首先是媒介管理体制的差异，传媒体制的性质对新闻节目中记者型主持人的话语风格和采访方式起着决定性的作用，如果避之而从主持人个体出发，未免过于偏颇，不够全面客观；其次是节目类型的内在需求，新闻节目本身的类型划分和风格定位是记者型主持人发挥才能的基本前提，如果偏离这条轨道，那么主持人在屏幕上就会显得和节目格格不入，削弱节目的传播效果；然后是采访手段的不同特点，记者型主持人的采访手段是经过长时间积累、发展形成的，不会轻易改变，也不能随意模仿，这是记者型主持人非人风格的间接体现；最后受主持人个人经历的影响，记者型主持人的个人经历决定了其在镜头前的形象和语言，忽视记者型主持人的个人经历而研究其主持风格是以偏概全的。②

---

① 刘辉.记者型主持人的养成[J].青年记者，2009(6)：117.

② 曹晨.我国记者型主持人风格成因探究[J].暨南学报(哲学社会科学版)，2013(6)：157-160.

(三)记者型主持人的发展趋势

陈梦轶从媒介融合的角度对记者型主持人的发展趋势进行了分析,指出“报道”“研究”和“专业”是未来记者型主持人转型路径中的发展关键,即忠于报道:回归新闻现场,还原事实本身;善于研究:培养融媒思维,坚持思考摸索;秉承专业:重组知识结构,提升文化素养。① 面对不断变化的媒介生态环境,杨竞认为,网络传播时代呼唤记者型、思想型的主持人,这就要求电视节目主持人不断提高自身的新闻素质。②

邓建勋认为随着传媒业的不断发展,记者型主持人已逐渐被人们熟悉并接受,记者型主持人单独完成采访任务将成为今后的发展趋势。在这种发展趋势下,市县级电视台记者型主持人要打造独特的主持风格,不断提高职业素养,努力使自己成为“一专多能”的主持人。③

樊华从广播节目主持人的角度论述记者型主持人的发展,认为在目前的广播节目中,主持人的发展应该逐渐向记者型主持人的方向靠拢,成为集采访和主持于一身的全能型主持人。④ 李刚认为新闻节目主持人的发展必须以提高记者素质为基础,一个明星主持人应该同时是著名记者,二者的工作也应该是你中有我,我中有你。⑤

---

① 陈梦轶.融媒时代记者型主持人的发展趋势[J].青年记者,2013(12):54-55.

② 杨竞.网络传播时代呼唤记者型、思想型的主持人[J].视听纵横,2010(6):89.

③ 邓建勋.浅析市县级电视台记者型主持人的素养和角色定位[J].东南传播,2015(5):155.

④ 樊华.广播记者型主持人的发展趋势探讨[J].科技传播,2015(4):163.

⑤ 李刚.记者型主持人的定位与素质[J].佳木斯大学社会科学学报,2009(6):163.

值得一提的是，随着2013年首届华语主持传播高峰论坛暨融媒时代记者型主持人发展研讨会的顺利召开，以及2014年由中国传媒影视资讯网主办的“记者型主持人语言沟通技巧与品牌塑造”研讨班的成功举办，关于记者型主持人的相关议题与讨论逐渐得到业界和学界的重视，说明记者型主持人在媒体行业中所扮演的角色越来越重要。

(四)记者型主持人的职业素养

韩博认为记者型主持人要具备一定的人文关怀意识，包括更好的记者素质与意识、更敏锐的新闻嗅觉、更细致的观察力以及更加独到的角度和见解。① 谭天认为记者型主持人要体现人文关怀，一要做到以人为本；二要做个有心人，以小见大，挖掘新闻事件真相；三要理性剖析，深刻探讨社会问题。②

罗幸认为新闻调查类记者型主持人：首先，必须有忧患意识和作为一名新闻记者的理性深邃；其次，必须有缜密的逻辑思维和思辨能力，同时，在调查和采访时表现出的平衡意识和平等态度也显得尤为重要；再次，在新闻调查中，需要不断地完善自己的人生观和世界观，不断地提高探究真相的能力；最后，人格魅力是主持人成功和发展的基石。③

张继娅尝试以财经新闻为基点探讨一个合格的财经节目记者型

---

① 韩博. 浅析记者型主持人的人文关怀意识[J]. 中国报业，2014(8)：74.
② 谭天. 记者型主持人如何体现人文关怀[J]. 记者摇篮，2008(10)：32.
③ 罗幸. 论记者型主持人的职业素养[J]. 中国广播电视学刊，2013(10)：87.

主持人应具备的专业素养：首先，要明确财经新闻的专业化特性，财经节目主持人不仅要通晓诸多的财经知识，还要具备一定的全球化视野。只有在财经领域做到内行，才能在报道中把握方向。其次，要了解财经新闻的相关性，财经新闻大多是非事件性新闻，在成为新闻之前，往往有相当长的一段酝酿时间。这就需要财经节目记者型主持人平时养成信息积累和分析的习惯，透过现象看本质，用全局观点看问题。最后，要准确发挥财经新闻的社会价值。财经新闻报道要求记者型主持人既要有敏锐的新闻捕捉能力，又要有专业的新闻鉴别能力，同时对这些历史的、国内外的经济现状及原因有所了解、有所积累，才能对财经新闻追根溯源，准确把握实质。①

在媒介融合的背景下，朱静宜认为记者型主持人要具备几项基本素养：首先，要建立新闻节目大局意识和整体思维；其次，要把握好主持人角色的分寸和火候；然后，抓住即兴采访点，提高问话技巧；最后，要加强综合业务能力，不断提高个人素质。②

（五）记者型主持人的采访技巧

韩博总结目前记者型主持人在采访报道中存在的问题有三点：一是自身定位不明；二是缺少生活积累；三是逻辑性差，缺乏理性分析。这三点导致记者型主持人在采访时的人文关怀意识比较薄弱。③ 针对这些问题，他认为记者型主持人在采访时要做到四个转变：一是变简

---

① 张继娅. 论财经节目记者型主持人的专业素养[J]. 浙江传媒学院学报，2009(4)：31-33.
② 朱静宜. 媒介融合下记者型主持人素养研究[J]. 才智，2012(9)：154.
③ 韩博. 浅析记者型主持人的人文关怀意识[J]. 中国报业，2014(8)：75.

单询问、收集信息为细致、深度挖掘；二是变先入为主、居高临下为平等交流、还原感性；三是变听一面之词为多方求证、客观真实；四是变“唱独角戏”为“指挥多角色奏交响曲”。[①]

刘海英根据多年从业经验认为记者型主持人在采访技巧上要把握三个方面：一是采访前要做好充分的准备，即研究分析选题，确定采访重点，初拟采访大纲，设计问题；二是以平等的方式进行采访，提问方式要因人而异，给受访者回答的空间；三是采访时服饰要得体。[②]

此外，戴建佳(2014)、祝海华(2014)、尹啸(2012)、李坤洋(2013)、王强(2013)等学者也对记者型主持人的采访技巧做了相关总结，普遍认为记者型主持人只有掌握了采访技巧和方法，才能使采访顺利地进行，增强新闻的真实性，对电视新闻节目的发展起到推动作用。

(六)记者、主持人向记者型主持人的角色转换

晓河认为传统型节目主持人向记者型主持人转换，首先要从角色、身份上转换，传统型节目主持人如果想从同行中脱颖而出，就必须将节目主持人的身份转换到主持人与记者兼备的角色上来，甚至成为节目负责人；其次是从理解、感受上转换，传统型节目主持人在进行新闻采访时，要注意新闻采写的角度，找准表现事物的切入点；最后是从采访实践上转换，传统型节目主持人要深入一线进行采访，多实践、多锻炼才能真正成为合格的记者型主持人。[③]

---

① 韩博.记者型主持人采访报道的四个转变[J].中国记者，2014(8):59.
② 刘海英.论记者型主持人采访技巧[J].商，2015(2):209.
③ 晓河.浅析记者型节目主持人的角色转换[J].新闻知识，2009(4):63.

李川在谈到普通主持人向记者型主持人进行角色转换时认为，首先，记者意识要融入节目主持和节目创作中，普通主持人要兼顾编辑、记者等多重身份，在选题时，要针对新闻事实提出自己独到的观点，加强语言艺术思维。然后，普通主持人在向记者型主持人过渡时，必须摆脱以往的“群唱”模式，过渡的要点是从角色、思想、身份等方面进行差异化转变。①

王瑾昭、张博认为新闻记者向记者型主持人进行角色转换时要注意两点：一是记者型主持人要有记者意识，因为国内外优秀的记者型主持人对于新闻线索有敏锐的洞察力以及对新闻内容有良好的驾驭能力都源于他们首先是杰出的新闻记者。具体要做到：坚持党性原则，树立强烈的社会责任感，注重新闻采访与调查，亲临新闻现场，保证新闻的真实性，立场客观公正，揭示事件本质。二是记者型主持人在具备了记者意识之后，更重要的是能够以一个专业主持人的状态言简意赅地向受众介绍新闻事件的背景、发展过程，要抓住事件的核心矛盾，理清事件内在的逻辑关系。具体要做到：有深厚的文化修养和人文情怀，有较强的新闻语言表达能力。②

在谈到出镜记者如何向记者型主持人转换的问题上，陈昕首先将出镜记者和记者型主持人的定位做了区别，随后梳理了记者型主持人应具备的基本素养。在提到记者型主持人应打造个性化的访谈风格时，她认为：一方面，记者型主持人要确立自己的个性类型，时而笑看

---

① 李川. 浅谈从普通主持人向记者型主持人的角色转变[J]. 西部广播电视，2014(1)：105-107.

② 王瑾昭，张博. 从新闻记者向记者型电视节目主持人的角色转换——以央视新闻主播为例[J]. 现代视听，2014(3)：30-33.

天下风云，时而针砭时弊，时而风趣诙谐，对不同特质的新闻予以风格迥异的角色情感转换；另一方面，记者型主持人要具备人文情怀，出镜记者在向记者型主持人转型的过程中，最值得保留的就是充满人文情怀的新闻素养。她根据自己的从业经验提出，人物访谈是出镜记者向记者型主持人转型的一个非常好的锻炼途径。同时还指出，随着现场直播新闻的增多，出镜记者应该锻炼自己的复合型采访能力，向记者型主持人转型。①

从以上文献可以看出，虽然对于记者、主持人向记者型主持人转型的相关研究在近些年受到了学者的普遍关注，但总体来说仍属于经验层面的总结，缺乏系统的理论。随着媒介环境的不断变化，记者型主持人如何应对复杂多变的媒介环境，还有待进一步研究。

（七）其他

除上述议题以外，还有不少学者从其他角度对记者型主持人的发展进行研究和探索。

杜鑫认为记者型主持人是今后电视新闻节目中最有竞争力的群体，也是一个节目甚至一个频道的核心竞争力。他们将会成为电视新闻节目主持人中的领跑者。但是，杜鑫也指出，就目前我国新闻节目的现状来看，记者与主持人存在脱节的情况，主要表现在写稿的记者不出镜，出镜的主持人不参与节目构思，不到采访现场，对节目内容知之甚少等方面。他认为，只有增强主持人和记者的双重话语权，去除

① 陈昕．出镜记者如何向记者型主持人角色转型[J]．东南传播，2010(10)：138-140.

“新闻搬运工”的陋习，挖掘传统媒体的潜力和优势，才能对我们电视新闻的发展有莫大的帮助。[①]

张凯旋从叙事策略的角度剖析记者型主持人。通过分析记者型主持人的叙事手段、记者型主持人的常规叙事、记者型主持人在不同情境下的应变与叙事，得出记者型主持人的叙事策略是推动新闻叙事的动力。[②]

陈慧、张梦格以深度报道节目为例，分析记者型主持人在新闻深度报道节目中，分别扮演“主持人”角色和“记者”角色时，是如何充分发挥语言艺术为节目增色的。他们认为记者型主持人在“主持人”角色中，应当充分发挥语言的叙事功能和舆论引导功能，使自己在整个节目中处于中心地位；而在“记者”角色中，应该对自己的采访对象展现出平衡意识，灵活地运用语言艺术，达到采访的最佳效果。[③]

张龙以《新闻调查》为例，探讨记者型主持人的角色行为。他从三个方面入手：一是开放式的“漂流”调查——以控制论的视角来看；二是深入现场的调查——不断接近真相；三是镜头前的调查——体现过程性与交流性。他认为记者型主持人的角色行为使得新闻以立体化、形象化的特点传播至受众，而主持人也成为信息传播的一部分。[④]

综上所述，尽管我国的记者型主持人实践探索起步晚，但经过二十年来的发展，学界和业界还是取得了一些不错的研究成果。然而总

---

① 杜鑫. 允文允武的“记者型主持人”[J]. 南方电视学刊，2014(2)：111.

② 张凯旋. 记者型主持人叙事策略探析[J]. 科技传播，2014(9)：20.

③ 陈慧，张梦格. 论深度报道节目中记者型主持人的语言艺术[J]. 青春岁月，2013(9)：158.

④ 张龙. 论记者型主持人的角色行为——以 CCTV《新闻调查》栏目主持人为例[J]. 现代传播，2008(12)：69.

体来说还未能给我国记者型主持人的实践指导以足够的理论支撑。究其原因,一方面要归结于学界的理论研究滞后于业界的实践探索,大部分学者的研究视野仅停留在本土媒体的探索上,对于国外成熟的记者型主持人或者记者型主持人常态化的节目知之甚少;另一方面,学者对于记者型主持人的研究普遍是经验性总结,对于理论层面的建构来说还远远不够。尤其是在当下飞速发展的媒体变革中,关于"互联网+"、媒介融合、媒介转型形势下记者型主持人的生存现状和相关能力的建构提升以及舆论导向等议题的研究还十分缺乏建设性、指导性的意见和建议。

二、关于《新闻调查》的研究

著作方面,关于《新闻调查》的研究主要是《新闻调查》主创人员针对节目策划、节目内容等内涵、外延所做的总结分析,如《调查〈新闻调查〉》(张洁、吴征,2006)、《央视〈新闻调查〉幕后解密》(赵华,2008)、《目击历史:〈新闻调查〉幕后的故事》(夏骏、王坚平,1999)、《新闻背后的新闻〈新闻调查〉97 实录》(央视新闻评论部,1998)、《正在发生的历史:〈新闻调查〉》(央视新闻评论部,1998)、《解密〈新闻调查〉:电视调查性报道的策划与运作》(佘仁山,2008)、《"调查"十年:一个电视栏目的生存记忆》(《新闻调查》栏目组,2006)。除此之外,中央电视台副台长孙玉胜的《十年——从改变电视的语态开始》(孙玉胜,2003)对《新闻调查》的创办和成长历程做了回忆式的概述。北京大学徐泓的《不要因为走得太远而忘记为什么出发——陈虻,我们听你讲》(徐泓,2013)整理了已逝的电视人陈虻在审片、讲座、报道时的经典言论,并提出“做节目，要学会放空自己去感受”。

论文文献方面，在中国知网(CNKI)中以关键词“《新闻调查》”检索出文献2538篇，其中硕士论文70篇，博士论文3篇。研究的内容集中在以下四个方面。

(一)叙事学层面的研究

在检索文献中，标题中同时含有“《新闻调查》”和“叙事”的文章共有36篇，其中学位论文7篇。相关论文主要是从《新闻调查》整体节目框架的叙事结构来进行研究的，而着重关注叙事者——记者型主持人的相关研究仅有一篇论文，即苏州大学阚华燕的硕士论文《论〈新闻调查〉出镜记者的叙事特质》(2009)，文章重点分析了《新闻调查》的叙述主题构成以及主叙述者——出镜记者的类型、叙事功能、叙事立场，进而肯定出镜记者对节目的叙事所起的作用，并指出出镜记者应该竭力追求新闻的真相。除此之外，东北师范大学王竞秀的硕士论文《新媒介语境对电视调查性报道叙事的影响因素分析——以央视〈新闻调查〉为例》，探讨的是新媒介语境对电视调查性报道的影响，并找寻到相应的叙事策略。

(二)比较分析的研究

这方面的研究有山东师范大学程菲的硕士论文《〈新闻调查〉与〈60分钟〉对比研究——以中美新闻文化比较为视角》(2013)。程菲将《新闻调查》与美国著名节目《60分钟》作比较，以中美新闻文化为切入点，从节目特色、衍生、发展等方面进行了梳理，并在全球化传播、跨文化传播的视域内进行探讨，分析了以《新闻调查》为代表的国内电视调查性报道的困境，提出了改进思路。除此之外，关于《新闻调查》与其他节目比较分析的研究还有复旦大学温永至的硕士论文《我国公共事件电视深度报道现状研究——以〈新闻调查〉、〈1/7〉和〈社会能见度〉为视域》(2012)、《我国电视深度报道的社会功能研究——以〈新闻调查〉〈看见〉为例》(柯祥虎，2014)等。

(三)关于节目调查记者(记者型主持人)的研究

在这部分研究当中，对《新闻调查》以柴静为首的著名记者研究较多，如中国传媒大学罗幸的硕士毕业论文《柴静在〈新闻调查〉栏目的主持艺术探悉》(2007)、云南大学赵霞的硕士毕业论文《柴静采访风格分析》(2013)、重庆大学权腾龙的硕士毕业论文《女性主义视角下柴静的传播特色及“柴静现象”启示》(2015)等。其余关于记者型主持人的研究则较多地散落在《新闻调查》叙事、话语和品牌等相关分析当中。

(四)从媒介艺术表现手法上对节目进行研究

重庆大学李华的硕士毕业论文《电视调查性报道的媒介艺术特征分析——以央视〈新闻调查〉为例》(2009)运用新闻学和广播电视艺术学相关理论分析如何运用电视媒介特性和视听语言艺术为电视调查性报道服务。东北师范大学佟燕玲的硕士毕业论文《电视深度调查类节目中影视艺术表现手法的研究——以央视〈新闻调查〉为例》(2010)、河北大学王哲的硕士毕业论文《〈新闻调查〉故事性说理艺术探析》(2009)等也都从媒介艺术表现手法上对《新闻调查》进行了分析研究。

除了上述研究较多的几个方面之外，还有一些建立在其他理论视域下的研究，但数量相对较少。有从新闻专业主义理论入手的研究，如吉林大学侯东的硕士毕业论文《论〈新闻调查〉的新闻专业主义理念与实践》(2011)；有以接受美学为理论基础，对《新闻调查》进行感官主义审美解读的研究，如东北师范大学刘兆琳的硕士毕业论文《电视新闻感官主义的审美解读——以CCTV〈新闻调查〉和FOX〈欧瑞利因素〉为例》；有从参与式文化角度入手，提出“参与式文化‘风潮’化危机为契机”新思考的研究，如四川师范大学乔洪霞的硕士毕业论文《参与式文化下我国电视调查性节目发展路径研究——以〈新闻调查〉为例》等。

《新闻调查》自1996年开播至今已经走过了21年的历程，在这21年间带动了学界和业界对“记者型主持人”“电视调查性报道”等与节目有关的领域的研究热度，同时也将其他学科的理论研究拓展到了这一领域。纵观这些年的研究成果，首先，有关叙事学的研究最多；其次，在采访角度、议程设置、策划编排等实务方面的探讨也有不少，但大多是经验总结。其他领域有所拓展，但并不深入，尤其是在多屏时代下，受众的信息接收方式发生了改变，审美心理也有了变化，研究节目的发展趋势以及节目模式流变对于《新闻调查》这种处于尴尬期的节目来说是当务之急。

第一章 《新闻调查》与记者型主持人

研究主持人，当然离不开他所依存的节目。节目是主持人生长和发展的土壤，是主持人散发魅力的舞台，任何主持人都不可能脱离节目而存在，没有节目也就无所谓主持人。因此，对记者型主持人的探析自然也就离不开对《新闻调查》的全面了解。创办于1996年5月的《新闻调查》是中央电视台一档大型的深度报道栏目。它在借鉴美国CBS《60分钟》的基础上，以探索事实真相为目标，通过记者的调查走访，挖掘内幕。节目开播至今已经走过了21年的历程，在这21年间，它不仅开创了中国电视调查性报道的先河，同时也将记者型主持人这一全新的主持人形式带入受众视野，并在此后的媒体发展历程中扮演着越来越重要的角色。

第一节 调查性报道的渊源及其发展

一、调查性报道的界定

调查性报道(Investigative Reporting)起源于19世纪末的西方国

家。20世纪80年代，调查性报道的概念作为舶来品被引入中国。尽管这一报道方式的出现丰富了新闻报道样式并在各国媒体间广泛运用，但有关调查性报道概念的界定却不尽相同，西方学界主要有以下几种观点。

早在1975年，美国学者大卫·安德生(David Anderson)和皮特·本杰明(Peter Benjaminson)在《调查性报道》一书中就对"调查性报道"做了定义："调查性报道就是报道那些被掩盖的信息……是一种对国家官员行为的调查，调查的对象包括庸化的政治家、政治组织、公司企业、慈善机构和外交机构以及经济领域中的欺骗活动。"[①]这个观点是对调查性报道比较早期的界定，从"被掩盖的信息"以及"欺骗活动"可以看出调查性报道与其他报道的不同之处在于揭露被隐藏的真相，事件性质往往偏向负面。与这一观点相近的美国学者梅尔文·德弗勒(Melvin L. DeFleur)也认为："调查性报道是为获得内情和揭露丑闻而强调细致地报道事实的风格。"[②]此外，《大英百科全书》同样认为调查性报道主要以揭露腐败或不正当行为为题材，尤其是当政府和公共机构中发生这种行为时。

美国学者斯尔威·卫斯波得(Silvio Waisbord)说，学者和新闻工作者从多方面研究调查性报道并给出了它的定义，其中由全国性的行业联合会——调查性报道记者编辑协会的官员给出的定义引用率最高。他们这样定义调查性报道："它是通过某人的原创性工作而发现

---

① 张威.调查性报道：对西方和中国的透视[J].国际新闻界，1999(4)：60.

② 李普曼，赖斯顿等.新闻与正义——普利策新闻奖作品集Ⅲ[M].展江，译.海口：海南出版社，1999：312.

的关于一些人或组织企图隐瞒的重大事件的报道。”①可以看出，他们在强调真相被隐瞒的同时，还提到“是通过某人的原创性工作”，这个定义不仅指出了调查性报道的本质特征，还强调了事件的报道者——记者。而《新闻日报》记者鲍伯·格林(Bob Green)同样也提到这是记者调查行为的体现。他认为，“调查性报道是对某人或某集团试图保密的问题的报道”，“报道的事实必须是你自己挖掘出来的”。② 传媒研究专家罗伯特·格里斯(Robert Greece)更加明确地从新闻采写的过程入手，强调记者的调查行为。他认为，“调查性报道一般是报道某些人或者组织试图掩盖的新闻”。他强调，在调查性报道中调查和收集材料必须是记者的原创行为，而不是另一个人或者另一个组织的调查行为，选题和采访必须由新闻媒体独立进行。调查性报道面对的是一个重要事实，对于这个事实，某些人或者某些组织企图使其保密。③ 无独有偶，有过调查性报道实践经验的新闻学教授克拉克·莫伦霍夫(Clark Mollenhoff)说：“调查性报道有三个基本要素，一是记者作出报道；二是报道内容包含着比较重要的内容，是记者和读者想知道的；三是有其他人试图向公众隐瞒这些问题的真相。”④日本学者川岛保良在《大众传播视点》一书中认为：“调查性报道不是依赖当局发表的材料写报道，而是记者亲自调查，逼近真相；不像独家新闻那样只依靠到手的单个秘密材料，而是通过彻底的调查采访，揭示事件的

---

① 傅海. 我国调查性报道的现状、问题及对策研究——以《南方周末》为例[D]. 武汉：武汉大学，2005.

② 苏朝伟. 中国调查性报道的现状与前景[D]. 北京：中央民族大学，2005.

③ 段勃. 调查性报道概念辨析[J]. 当代传播，2008(5)：98.

④ 苏朝伟. 中国调查性报道的现状与前景[D]. 北京：中央民族大学，2005.

整体情况;不是依赖警察,而是新闻界有意识、自主地以政治腐败、有组织犯罪为对象,或者对被访者有意隐瞒的问题进行独自采访、调查、揭露。"①

密苏里大学新闻学院《新闻写作教程》主要从调查性报道的特点来进行界定,其中提到这是一项在报道时长上更加花费时间、在报道形式上更加讲求逻辑推理能力的报道方式。该书认为:"调查性报道指的是一种更为详尽、更具有分析性、更花费时间的报道,因而它有别于大多数日常性报道。它的目的在于揭露被隐藏起来的情况,其题材相当广泛,广泛到涉及人类活动的各个方面。"②

专注于美国新闻史相关研究的著名学者埃德温·埃默里(Edwin Emery)在《美国新闻史:大众传播媒介解释史》中认为:"调查性报道是利用长期积累起来的足够的事实和文件,就事情的意义向公众提供一种强有力的阐释。"③这个观点的不同之处在于埃默里从阐释的角度来论述被揭露的真相所隐藏的意义。

尽管调查性报道、解释性报道和客观报道是新闻报道的三种重要形式,然而调查性报道在写作上和其他深度报道文体并无太大区别。调查性报道之所以被单拎出来首先是因为它的题材往往与政治丑闻、社会弊病的揭露有关,这就使得调查性报道与其他报道形式产生了本质的区别;其次是调查性报道强调记者独立的调查行为,这也在一定层面上区别了调查性报道与其他深度报道。

---

① 川岛保良,等.大众传播视点[M].东京:地人书馆,1990:88.

② 布鲁克斯,莫昂,等.新闻写作教程[M].褚高德,译.北京:新华出版社,1986:384.

③ 埃默里、爱默里.美国新闻史:大众传播媒介解释史[M].展江,殷文,译.北京:新华出版社,2001:493.

尽管调查性报道这种报道形式在我国新闻界早已有之，但学界对于调查性报道定义的研究却是在20世纪90年代初才开始的。我国学者对于调查性报道概念的界定，沿袭了西方学者的“揭丑”一说。但由于我国社会制度、媒体体制和西方国家有所不同，我国学者又在西方学者观点的基础上结合自身实际情况进行了修改。

1993年，由甘惜分主编的《新闻学大辞典》将调查性报道定义为“一种以较为系统、深入地揭露问题为主旨的报道形式”①。尽管这个概念并未对调查性报道的含义做详细说明，但从“系统、深入地揭露问题”可以看出，其着重强调这一报道形式的主旨在于揭露问题。此外，刘明华在《西方新闻采访与写作》中认为：“调查性报道是一种专门的揭露性报道，有时也称揭丑性报道，这是深度报道的一种重要类型。”②这个概念虽未对调查性报道做更为深入的阐释，但对其属性做了分类，强调调查性报道是深度报道中的重要类别。而安徽大学芮必峰在前两者的基础上对调查性报道做了详细的说明，强调真相被揭开。这和之后中央电视台《新闻调查》“探寻事实真相”的定位极其相似。复旦大学李良荣从调查性报道的调查对象和范围入手做了界定。他认为：“调查性报道又称揭丑报道，它是西方国家报刊上的一种特殊报道方式，专门用来揭露社会阴暗面、政府里的黑幕、大企业的罪恶勾当以及黑社会的内幕，等等。”③张威在《调查性报道：对西方和中国的透视》一书中对调查性报道的解释，除了提及其主要调查对象和实质外，还

① 甘惜分. 新闻学大辞典[M]. 郑州：河南人民出版社，1993：153.

② 刘明华. 西方新闻采访与写作[M]. 北京：中国人民大学出版社，1996：101.

③ 李良荣. 当代西方新闻媒体[M]. 上海：复旦大学出版社，2003：227.

更为详尽地从调查性报道的性质、特点和报道方式等方面做了说明。他认为："调查性报道以暴露或揭丑为核心，以社会的腐败现象、犯罪、政府官员的错误行为、内幕新闻以及被某些人企图掩盖的事实为主要目标。它是新闻媒体相对独立的、精密的、深入的采访活动。它比较费时，篇幅较长，经常以连续报道的形式出现。"[①]周海燕在《调查性报道采访与写作》一书中提到："调查性报道是一种以较为系统、深入地揭露政府、公共机构以及社会中存在的其他问题，并寻求解决方法为主旨的新闻报道形式。它利用长时间积累起来的足够的消息来源和文件，向公众提供对某一事件，尤其是关系到影响公共利益的不正当行径的强有力的解释。"[②]尽管周海燕的界定直接提及了调查性报道的主旨，即"较为系统、深入地揭露"，但其"寻求解决方法"的论述并未得到学界的认可。因为既然调查性报道的主旨在于揭露问题，那么问题是如何被解决的，并不是调查性报道所能决定的，毕竟媒体不是权力部门，解决问题应该是与事件相关的职能部门的责任。调查性报道中的核心——记者型主持人作为新闻媒体中的一员，以调查者的身份一方面通过"层层剥笋"将事件真相公之于众，另一方面通过客观中立的报道引起相关部门的重视。尽管记者型主持人的调查行为或许能对事件的解决起到推动作用，但他终究不是相关职能部门负责人。他无权插手制定规则，也不能充当各领域专家。即便有时他对事件提出见解、展现态度，也应该遵循"媒体立场、受众视角、个人感悟"三位一体的媒介角色，始终保持客观的态度，而不是将调查行为当成自说自话

① 张威．调查性报道：对西方和中国的透视[J]．国际新闻界，1999(12)：60．

② 周海燕．调查性报道采访与写作[M]．北京：新华出版社，2003：1．

的个人秀场。

中央电视台《新闻调查》是国内第一档电视新闻调查性报道栏目。栏目组经过多年的实践摸索，对调查性报道进行了总结，其中前制片人张洁对调查性报道进行了较为全面的理论阐释。他认为调查性报道必须具备三个条件：第一，记者独立展开的调查；第二，调查对象是社会损害公众利益的行为；第三，这种行为被掩盖。

综合上述观点，笔者认为学界和业界对调查性报道的界定有以下几个特征：

第一，调查性报道是对那些被掩盖的真相的揭露，尤其是社会阴暗面，政府、大企业里的黑幕。揭露真相是调查性报道的主旨，真相通过调查性报道的揭露形成舆论议题，受到监督。

第二，调查性报道所揭露的事件涉及公众利益，能引起社会广泛关注。

第三，调查性报道不是对新闻事件的简单报道，而是记者亲临现场后进行独立调查，经过“层层剥笋”后使隐藏在事件背后的真相浮出水面。采访十分讲求叙事策略和沟通技巧。

第四，调查性报道是一种系统性、深入性的报道，并带有一定的分析性，讲求报道的逻辑性。因此，创作周期较长，报道篇幅体量较大。

由此，笔者认为调查性报道应该是一种通过展现记者独立调查行为，深入揭露政府组织、公司企业等领域中事关公众利益被掩盖的内幕报道，具有创作周期长和报道篇幅体量大等特点。

二、调查性报道的发展

19 世纪末的美国，一种新兴的特殊报道形式，即调查性报道开始在一些报纸上运用并取得了较好的社会反响。其中有当时的《纽约时报》《纽约导报》《纽约晚邮报》联合对市政府及塔曼尼集团的声讨；《世界报》对标准石油公司、贝尔电话公司垄断行为以及纽约市议员受贿协同承包商谋取特许权的曝光；还有《纽约日报》对布鲁克林电车、电灯特许权的披露，等等。[①]

英国的调查性报道起源于 20 世纪 60 年代。被誉为英国最成功的调查性节目《世界在行动》就是由英国的格拉纳达(Granada)电视台制作的。而后英国广播公司(BBC)也制作了类似的节目并获得了成功。而此时美国的调查性报道已进入兴盛时期，这在很大程度上是对当时美国腐败现象空前严重的一种反应。当时的美国政治、经济制度越来越腐败，媒体为了维护大众的利益，必须用调查性报道的方式来揭露不为人知的种种内幕。最有名的就是《华盛顿邮报》对"水门事件"的报道，通过揭露丑闻而把在位的总统尼克松赶下台。[②]

西方资本主义国家的性质决定了其调查性报道总是和揭丑联系在一起的。由于追求商业利润是这些媒体的最终目标，于是为了提高收视率或发行量，它们不厌其烦地将揭丑或制造轰动效应放在首位。所以 20 世纪六七十年代的调查性报道的确比任何时候都更深入，范围也更广了。

① 周海燕. 调查性报道采访与写作[M]. 北京：新华出版社，2003：1.
② 李良荣. 当代西方新闻媒体[M]. 上海：复旦大学出版社，2003：229.

不过值得注意的是，随着全球化的发展和媒体竞争的日益激烈，西方调查性报道的语言和形式越来越新颖，内容越来越注重寓教于乐。在这种背景下，美国哥伦比亚广播公司（CBS）一个专门“讲故事”的电视节目——《60分钟》诞生了。他们制作播出的节目《五角大楼的出卖》赢得了大众的广泛认可和好评。由此，调查性报道进入了鼎盛时期。值得一提的是，《60分钟》对中国的调查性节目影响最大也最直接，中央电视台的《新闻调查》就是从《60分钟》借鉴而来的，堪称“中国的《60分钟》”。

尽管调查性报道的概念引入中国的时间不长，但其在中国新闻实务界的使用由来已久。研究新闻史的学者认为早在明代邸报抄本《万历邸钞》中就有很多揭露官场腐败，反映军中异常情况的信息。虽然从写作形式来看，这些信息和当代新闻学对新闻写作的要求相差甚远，但报道中涉及的揭露性的特质却与调查性报道相似。也有学者认为在中国近代新闻发展史中，体现调查性报道主旨、特点的报道方式已经出现。长期致力于研究调查性报道的学者段勃认为，“正是19世纪中期以后外商中文报刊对新闻业务的重视和改进，才催生了调查性报道这一全新的新闻报道方式”[①]。以《申报》为代表的外商中文报刊在激烈的媒体竞争中作出突破：《申报》在1874年－1877年对“杨乃武与小白菜案”做了近3年的连续追踪报道，这些报道被看作是我国调查性报道的萌芽。随后，《申报》还对日军侵台事件、秋瑾被害案、杨月楼案做了报道，这些报道都是早期的调查性报道。此外，这一时期新

---

① 段勃. 调查性报道概论[M]. 北京：新华出版社，2010：21.

闻主要的传播媒介是报纸，报社的记者为调查性报道的实践做了大量的探索工作，同时也成就了以沈尧、邵飘萍、黄远生为首的一代名记者。他们用媒体人特有的新闻敏感性揭露隐藏在事件背后的真相，并告知社会公众，引起了强烈的社会反响。

新中国成立后，由于“左”倾的影响，举国上下沉浸在一片“以阶级斗争为纲”的集体主义意识中。媒体为颂歌所笼罩，沦为阶级斗争的工具、政治的传声筒，而以揭露丑闻为主要特征的调查性报道与当时的时代背景相背离，几乎没有立足之地。1956 年 4 月，《人民文学》发表《在桥梁工地上》，这篇揭露官僚主义的报告文学不久就被定为“毒草”。[①] 在“文革”时期，以江青为首的反革命集团将新闻媒体作为篡党夺权的利器，对其严格把控、兴风作浪。由此，以揭丑为主旨的调查性报道彻底销声匿迹，新闻工作进入了一段停滞时期。

“文革”结束后，随着十一届三中全会的召开，全国的政治环境变得宽松起来，社会各方面事业稳步运行，新闻媒体也开始逐步恢复监督功能。媒体报道不再以歌功颂德为主，而是围绕社会生活的各个方面，触角涉及社会的阴暗面，调查性报道的春天也随之而来。20 世纪 80 年代的调查性报道大多带有柔性色彩，主要以报告文学的形式出现。由于电视作为新兴媒介还未广泛普及，报纸还占有很大一部分市场，因此，调查性报道依托报纸迎来第一个高潮。1980 年，《工人日报》刊登了“渤海二号”石油钻井船由于人为失误在拖航中翻沉的真相报道，直接将政府高官的渎职和官僚主义暴露在公众视野。据资料记

① 张威. 比较新闻学：方法与考证[M]. 广州：南方日报出版社，2003：443.

载，尽管这次报道距事件发生已经过去8个多月，但由它所引发的影响却是重大的，最终导致石油工业部部长被撤职，国务院副总理被记大过，这在我国新闻报道史上是绝无仅有的。同时，该报道还获得了当年的全国好新闻奖，由此可见其反响。随后，报纸犹如抓住救命稻草般重视调查性报道的采集，一些报纸还开辟了调查性报道专栏。如《人民日报》开设了《调查汇报》和《信访调查》专栏；《工人日报》新增了《调查附记》专栏；《中国青年报》开辟了《调查报告》专栏。[①] 20世纪80年代同样也是调查性报道的概念引入我国的时期。我们通过数据库检索发现，第一篇提及调查性报道的学术成果来自鲍广仁于1981年在《新闻战线》上发表的《西方新闻报道手法种种》。从80年代到90年代初期，我国学界仅有调查性报道的概念，对西方国家调查性报道的相关研究也主要用于开阔视野，丰富新闻媒体的报道手段等方面。直至90年代中期才出现对我国调查性报道的研究，尤其是以电视为媒介的调查性报道研究。

如果说80年代是调查性报道的春天，那么90年代则是调查性报道发展的温床，迎来了调查性报道发展的又一个高潮。首先，随着社会经济的快速发展，贫富差距的逐渐拉大，社会阶层的不断分化，一系列社会事件频频发生，原有的社会规则和秩序被打破，社会矛盾逐渐显现，这为调查性报道的选题提供了丰富的内容。其次，随着新闻体制改革的不断深入，媒体市场化的号角不断吹响，媒体间竞争激烈，电视、广播、报纸作为媒介平台抢占受众市场，都将调查性报道作为突破

---

① 全英姬.我国调查性报道研究[D].北京：中央民族大学，2011.

口。这一时期的调查性报道在电视媒介上的发展尤为亮眼，声画结合使现场得以生动还原，产生了强烈的画面感和冲击力，增强了调查性报道的可信度。在成就了一批有名的电视调查性报道节目的同时，也成就了一批著名的记者，并促进了主持人的新领域——记者型主持人的发展。中央电视台受西方媒体的影响，在新闻改革上作出重大尝试，先后策划了以调查性报道为主的《焦点访谈》《新闻调查》。此后，《新闻调查》作为中国第一档电视新闻调查性报道栏目，深受受众喜爱。随后，地方媒体也推出了不少电视调查性报道栏目，如江西卫视的《社会传真》、北京卫视的《元元说话》、山东卫视的《调查》、上海电视台的《1/7》、凤凰卫视的《社会能见度》等。而随着我国民主化体制改革的不断推进，调查性报道在我国将会得到更多的重视和运用。

第二节 《新闻调查》栏目概况

一、国内媒体环境

20世纪80年代改革开放初期，是中国电视事业发展的一个上升期，也是电视专题节目、综艺节目、电视剧盛行的年代。进入90年代以来，电视风头一转，最明显的改革方向出现在电视新闻上。因为90年代从某种意义上讲，是一个社会的转型期。国际政治风云变幻莫测，整个社会的文化构成和生活方式等各种关系变得愈加复杂。在这种错综复杂的情况下，人们越来越需要一种务实的东西。这时，电视新闻改革带来了一些新风气，对电视的时效性、直观性和务实性等提出了非常高的要求。在这种情况下，中央电视台为了适应新的改革环境，开始了全新的变革。

中央电视台原台长杨伟光在《新闻背后的新闻》一书中的序言里指出："中央电视台 1993 年 5 月 1 日开办了《东方时空》栏目，这是中央电视台加强新闻评论的第一步，里面有一个小栏目《焦点时刻》，就一些社会热点问题，访问专家、学者、干部、工人、农民，在节目中展开讨论。节目播出后引起了强烈的反响。"

1994 年 1 月，随着《焦点访谈》的开播，中央电视台又进行了第二次新闻改革，这可以说是中央电视台加强新闻评论的第二步。"《焦点访谈》整合了《新闻联播》之后的黄金时段，开辟了一个以焦点、热点、难点为内容的日播条状节目，并由此凸现了中国电视的舆论功能，对中国电视产生了无可替代的影响。"①

中央电视台副台长孙玉胜在他的专著《十年——从改变电视的语态开始》中这样描述：1996 年对新闻改革的决策者和实践者来说，意料之外的是当年的 3 月 31 日，杀出了一个香港凤凰卫视中文台。而当时中国内地电视台新闻改革的进程远不及凤凰卫视新闻节目的扩张速度。在凤凰卫视掉头转向新闻并以其快速反应赢得节目声望时，内地许多电视台的新闻杂志类节目和焦点类节目也纷纷出台。此时，中央电视台开始探索和实践"谈话"和"调查"节目。

杨伟光在回顾《新闻调查》创办背景时说："经过一段时间的实践，我们在考虑第三步，能不能再创办一个大型新闻评论性节目，容量更

① 张洁，吴征. 调查《新闻调查》[M]. 北京：文化艺术出版社，2006：4.

大，更有深度，对当前的新闻热点和广大受众所关注的重大事件、社会现象进行更加深入、全面的调查分析，为受众提供更为客观、系统、权威的信息。就这样，《新闻调查》应运而生。这是改革开放的社会需要，是媒介自身发展的需要，也是中央电视台成为国际大台的必然需要。”

二、国外模本节目

《新闻调查》在创办之初就明确提出“我们要做中国的《60 分钟》”。这样一来，节目的形态也就自然而然地构思出来了。

《60 分钟》是 CBS 于 1968 年 9 月创办的一档电视新闻杂志节目，它因节目播出时长为 1 小时而得名，最初只在每周二晚间黄金时段和《CBS 新闻小时》轮流播出。在创办后的好几年里，这档新闻节目并没有引起多少反响，在当时的美国尼尔森收视调查中只排在第 51 位。直到 1975 年，节目调整了播出时间，固定在每周日晚间 7:00 至 8:00 播出。从此以后，节目收视率竟逐渐上升到 36%，而且在娱乐节目“一统天下”的竞争中连续 23 年名列美国联播网黄金时段收视率的前 10 名，CBS 的新闻节目也在《60 分钟》这里首次实现盈利。与其他新闻节目不同的是，《60 分钟》只让本期节目的出镜记者在演播室里做简短评述，节目的主持人都是记者，而记者同时也是主持人。这不仅是节目的要求，更是节目的特色。这也将记者推到了与受众面对面的正前方，从而造就了诸如迈克·华莱士、丹·拉瑟这样的新闻大腕。同时，王牌主持人的推出与明星记者的塑造又成为《60 分钟》笑傲江湖的重要法宝。

《60分钟》每期基本由3个独立的新闻深度报道和1个新闻评论版块组成，深度报道各13分钟左右，评论版块4分钟左右，加上片头导视、片花和广告，总共60分钟整。《60分钟》的节目理念在于通过具体事件，探讨当前社会背景下的重大问题，内容多数为涉及政府政策、司法公正、社会正义等"硬新闻"主题。在报道风格上，节目更是坚持新闻性、故事性、客观性、冲突性、深入性和透彻性相统一。

世界上很少有哪一档电视节目能够像《60分钟》这样成功：连续播出30多年，是美国新闻历史上资历最老、收视率最高的十大电视节目之一。1999年，《60分钟》甚至创下了同时在1423家电视台黄金时段转播的纪录。它还是美国电视节目中获得美国电视最高奖——艾美奖(Emmy Awards)最多的节目之一。艾美奖的评委们认为，《60分钟》"用简单而有效的方式深入了故事的核心，进入了人物的内心，编排自由、富有活力，开创了一种新的节目样式"。

《60分钟》的成功秘诀正如制片人唐·休伊特(Don Hewitt)所说的那样："《60分钟》成功的秘诀可以简化为几个字，那就是——给我讲一个故事，就这么容易。是什么让《60分钟》与众不同？我们更感兴趣的是关于我们生活的时代的新闻。我们做得最好的事情是用探照灯照亮黑暗的角落，如果躲在黑暗中的人正在做着他们不应该做的事情，我们能做的就是将探照灯照过去。"①

分析研究了《60分钟》的特征后，《新闻调查》节目组的成员都认为《60分钟》就是用"讲述老百姓自己的故事"的手法，报道《焦点访谈》的

---

① 休伊特. 60分钟：黄金档电视栏目的50年历程[M]. 马诗远，林洲英，译. 北京：清华大学出版社，2004：3.

内容。如此一来，把《新闻调查》做成调查类节目最终在节目组达成了共识。

三、节目的确定

任何一档新节目的推出，首先必须有自己的节目定位。一个节目的定位设计大致可以分为三个方面：目标定位、形态定位和内容定位。

（一）目标定位

“目标定位就是将要出台的新节目是干什么的。《新闻调查》从开始到现在，目标定位应该说十分明晰：就是要把《新闻调查》办成央视最能代表国家电视台水准的深度报道节目。”[①]经过十年的磨炼，今天的《新闻调查》已经实现了这个目标：两次荣获亚洲－太平洋地区广播联盟（亚广联）新闻信息类节目大奖，制作了许多精品节目。如《大官村里选村官》获得 1999 年蒙特卡罗电视节纪录片类银质奖；《厦门特大走私案》获得中国广播电视学会 2001 年优秀电视评论节目一等奖、中国广播电视新闻奖 2001 年电视社教类节目一等奖；《与神话较量的人》获得 2002 年全国电视评论类节目一等奖。还有像《贪官胡长清》《“东突”揭秘》《透视运城渗灌工程》《派出所里的坠楼事件》《“非典”突袭人民医院》等优秀节目的播出，使《新闻调查》的影响不断地深入和扩大。它已经毫不逊色地代表了中国电视新闻节目的制作水平。

---

① 孙玉胜. 十年：从改变电视的语态开始[M]. 北京：生活·读书·新知三联书店，2003：224.

(二)形态定位

“形态定位就是一个新节目将要以什么面孔出现在观众面前。《新闻调查》借鉴《60分钟》‘调查性纪录片’的形态,用纪实的方式拍摄,展现新闻事件的调查和采访过程,把新闻当成故事来讲。事件中应有悬念和冲突,情节应当跌宕起伏。”①由于在表现手法上有了明确的定位,《新闻调查》每一期都有出镜记者,而记者也成为结构节目的重要元素。节目中记者客观、冷峻、带有质疑的采访,使节目内容不断深化。节目采用原生态的跟踪记录方式,把一个个真实的新闻故事展现在观众面前,从而也让《新闻调查》从一开始就具有从容、大气、理性的深刻气质。

(三)内容定位

一个节目的内容定位就是一个节目的选题标准。《新闻调查》在节目创办之初就曾提出,“《新闻调查》的选题原则应当具有新闻性、社会性和故事性。将新闻性摆在第一位,因为这是新闻中心的节目,选题不能脱离主战场,要保持高关注度;社会性是指选题要贴近生活、贴近百姓;故事性是指选题本身要有戏剧情节,要有可供调查展现的张力,要有展现矛盾冲突的空间”②。《新闻调查》最初都是主题性调查,选题多是关于国计民生的重大热点问题,如《国企改革备忘录》《公交

---

① 孙玉胜. 十年:从改变电视的语态开始[M]. 北京:生活·读书·新知三联书店,2003:224.

② 孙玉胜. 十年:从改变电视的语态开始[M]. 北京:生活·读书·新知三联书店,2003:224.

能否优先》《铁路面临重大改革》等。经过两年的摸索，1998 年初，节目在选题上整合原来的新闻性、社会性、故事性三原则，重新提出了新闻性、调查性、故事性三原则，排除了非重大新闻事件和非社会热点问题的选题。针对主题性调查不好看的缺陷，加强了选题的故事性。于是节目开始转向重大新闻事件的调查，一批优秀的节目纷纷出炉，如《跨世纪的政府》《大国的握手》《救灾捐赠如何发放》《中国第一税案》等，《新闻调查》也逐渐成为中央电视台的名牌节目。为了让节目更好看，《新闻调查》在 1999 年下半年又开始转向人文故事的调查并留下了诸多的优秀作品，如《第二次生命》《眼球丢失的背后》《逃亡日记》《左肾未探及》《生命的留言》等。

四、《新闻调查》发展历程

《新闻调查》是中国调查性新闻报道的标志性节目。节目组把它定位为一种电视调查文体，一种以展示记者调查行为为主的调查性报道。节目组认为“调查性报道从实际的过程来看，必须是独立的媒体调查，有个性化的调查记者、深入的独家发现和完整的调查过程”。“独立的媒体调查”指的是只能由媒体自身进行调查，而并非报道他人的调查行为和结果；“个性化的调查记者”是指调查记者必须有质疑精神、平衡意识，采访风格必须具有自己独特的魅力；“深入的独家发现”强调的是记者必须有新的有别于他人的发现；“完整的调查过程”强调的是记者作为调查行为的主体，必须贯彻节目的始终。

由此可见，《新闻调查》有一个不可或缺的要素——调查记者，他是调查行为的实施者、调查过程的表现者，是这个节目的外化标志和品牌形象。在当前电视节目竞争日趋激烈的情况下，受众的选择余地越来越大，电视节目只有突显自己的个性，才能在竞争中赢得一席之地。而品牌是展现节目特色的最重要的途径，主持人又是一个节目的“门脸”，因此，一个有个性、有风格的主持人会给节目带来新的影响力，节目也能凭借主持人的“品牌价值”带动节目品牌的建设。况且，《新闻调查》对主持人的定位和作用绝不仅仅是“门脸”，而是“灵魂”和“核心”。因此，从调查性报道的整体来看，由调查记者担任该节目的主持人是再合适不过的了。于是，中国新闻界又出现一类主持人——记者型主持人。

(一)创办期

1996年被业界称为中国电视的第一个新闻年。中国内地电视台怎么都没想到原本以娱乐为频道定位的香港凤凰卫视掉头转向新闻领域，并在短时间内迅速扩张，通过一系列改革举措实现了影响力和权威性的双赢。此外，自中央电视台1993年开播《东方时空》、1994年开播《焦点访谈》以来，内地其他电视台在焦点类节目和新闻杂志类节目上也纷纷效仿。可以说，一时间所有新闻台都将提高新闻时效性、挖掘新闻深度作为改革重点，这对于代表国家形象的中央电视台来说机遇与挑战并存。与此同时，中国社会正处于转型期，有着比较复杂的社会背景，需要有一档像美国《60分钟》一样以揭露社会现实为题材的电视调查性报道节目。在这样的背景下，中央电视台新闻评论部为响应改革，筹备了两个新节目——《新闻调查》和《实话实说》，开启了调查节目和谈话节目的探索之路。这档以记者的调查行为为表现手段，以探寻事实真相为基本内容，以做真正的调查性报道为追求目标，崇尚理性、平衡和深入的精神气质的电视调查性报道就在这样的背景下孕育而生了。1996 年 5 月 17 日，《新闻调查》播出的第一期节目《宏志班》得到热烈反响，此后每周一期，每期时长 45 分钟。时任中央电视台台长的杨伟光把《新闻调查》的开播视作“中央电视台新闻改革进入第三阶段的标志，希望通过《新闻调查》体现央视的国际大台风范”。

（二）成长期

梳理《新闻调查》这 20 年的成长历程，学界和业界普遍将其发展过程总结为三大阶段：第一阶段（1996 年－2000 年）为探索时期，第二阶段（2000 年－2002 年）为发展时期，第三阶段（2003 年－2013 年）为成熟时期。

1.探索时期（1996 年—2000 年）

《新闻调查》开播之后经历了一段比较长的探索时期。时任新闻评论部主任的袁正明提出了“三步走”战略，即从“主题性调查”过渡到“事件性调查”再到“内幕调查”。主题性调查是《新闻调查》初期做得最多的节目类型，这些主题性调查的出现和当时的社会背景有很大关系，反映的大都是像住房改革、医疗改革这样关于国计民生的问题，比如《公交能否优先》《买房：梦想还是现实》《国企改革备忘录》等。随后在 1998 年，《新闻调查》为了进军新闻主战场，栏目组经过分析之后重新确定了栏目的定位，将宣传词表述为“重大新闻事件背景调查全面深入，国计民生改革热点话题难点疑点解惑，大时代背景下的新闻故事一波三折”。进入新闻主战场的《新闻调查》成果丰厚，制作播出了

《大国的握手》《跨世纪的政府》《保卫荆江》等具有影响力的节目。

在这一时期,《新闻调查》对其他领域选题也有所涉及。比如舆情调查方面,做过《一言难尽的择校生》《安全套进校园》等;历史揭秘调查方面,做过《恢复高考20年》《羊泉村记忆》等;事件调查方面,做过《眼球丢失的背后》《婚礼背后的诉讼》等;记录调查方面,做过《大官村里选村官》《第二次生命》等;心理调查方面,做过《戒毒者自白》《少年凶犯独白》等;内幕调查,也就是现在大量制作的调查性报道,在这个阶段只出现过一期——《透视运城渗灌工程》。这期节目揭露了山西省运城市政府耗巨资修建虚假工程蒙骗百姓,在社会上引起了巨大的反响。记者型主持人在这期节目中精彩的调查采访给受众留下了深刻的印象,如今还写进不少高校教科书里作为优秀案例供新闻学子学习。

2. 发展时期(2000年—2002年)

《新闻调查》在经过几年的多元探索期之后取得了一些成绩,但这时栏目组开始意识到这档栏目的选题内容过于宽泛,使得节目内容与新闻评论类节目、深度报道节目、专题节目所呈现的内容区别不大,缺乏个性化的视觉识别系统。一时间,解决这些问题成为《新闻调查》栏目组的当务之急。改革的重任落在了《新闻调查》第三任制片人赛纳的身上。经过深入研究,栏目组提出了新的创作理念——探寻事实的真相,并对“真相”做了概念性的延伸,认为“真相就是正在掩盖或被遮蔽的事实。真相有的被权力遮蔽,有的被利益遮蔽,有的被道德观念和偏见遮蔽,有的被集体无意识遮蔽,有的被狭窄的生活圈子和知识技术遮蔽”。基于此,“探寻事实的真相”更加符合深度报道中调查性报道的界定范畴，也更加凸显出记者型主持人就是揭开各种被遮蔽的事实的实施者。定位明确之后，《新闻调查》从主题性调查转向了事件性调查，并迎来了第二个收视高峰，创作了一批如《行贿日记》《向农民道歉》《与神话较量》《揭秘"东突"恐怖势力》这样的优秀节目。

此外，随着《新闻调查》制播能力的日渐完善，栏目组为了更加规范这档栏目，从2002年开始组织编写《新闻调查》工作手册，希望借此方式完善栏目组的制度建设，推进栏目生产走向规范化。

3.成熟时期(2003年—2013年)

2003年5月，中央电视台综合频道的改版令《新闻调查》的生存环境发生了巨大变化，原定于每周六晚21:15播出的节目改为每周一晚22:35播出，播出时间的改变使得《新闻调查》流失了大部分受众。与此同时，随着中央电视台新闻频道的开播，一时间出现了很多新闻评论类节目，竞争变得尤为激烈。

然而，《新闻调查》栏目组是个善于分析总结的团队。短暂的忧心之后，冷静下来的栏目组认识到以往的《南丹矿难内幕》《远华大案》等节目看似是做了调查性报道，揭示了内幕，但事实上很多情况下是在司法机关处理之后进行跟进报道，并不是通过记者的独立调查得出的结果，没有体现出节目真正意义上的调查性。因此，栏目组提出要把调查性报道作为栏目发展的终极追求，并试图对当时的中国调查性报道进行一次全面实践，将调查性报道作为《新闻调查》的核心竞争力。

随后，栏目组认为《新闻调查》的内容定位应该是通过调查采访进行揭秘，要想在内容定位上更进一步，就要从放弃"人物访谈"类型的节目开始。尽管这类节目自《新闻调查》开播以来就一直是选题方向之一，如《从市长到囚犯》《“黑脸”姜瑞峰》《贪官胡长清》等人物访谈类型的节目曾经为《新闻调查》带来过良好的社会评价，但栏目组渐渐发现这类选题违背了《新闻调查》作为电视调查节目的初衷。此外，“记者中心制”的提出极大地调动了记者型主持人的创作热情，拓展了记者型主持人的创作空间，开始赋予节目以记者型主持人为核心的创作理念。经过一系列的调整之后，《新闻调查》重新焕发了生机，并在调查性报道实践中取得了丰厚的成果，涌现出了《“非典”突袭人民医院》《农民连续自杀调查》《死亡名单》《一只猫的非正常死亡》《双城的忧伤》等一批优秀的作品。

五、《新闻调查》现状

近年来，随着新媒体产业发展的日益加速，以微博为主的新媒体平台在突发事件的报道中成为重要的新闻源和舆论阵地，在时效性和信息量上远超传统媒体，使传统媒体新闻报道受到威胁。突发事件发生时，传统媒体由于自身的媒介特性以及一系列的运作程序不能及时作出反应，从而丧失报道时机。虽然时效性不是《新闻调查》这类调查性报道所崇尚的标准，但就新闻而言，时效性是其特点之一。随着突发事件的发生、发展，调查性报道在新闻价值上会有所降低，要吸引受众的兴趣实属不易。例如，2015 年 10 月 24 日播出的《新闻调查——车祸疑云》讲述的是 2015 年 6 月 20 日发生在南京的一起车祸，事件发生时在互联网上引发了热议，网民对事件的发展不断提出质疑。《新闻调查》时隔 4 个月之后才播出这起事件显然已经滞后于事件在新媒体上的发酵，而阐述前因后果，更像是对事件的梳理回顾。此外，突发性事件或社会群体性事件从发生到水落石出再到慢慢淡出受众视野往往有一段时间的延续性，新媒体伴随着事件发生的每一个阶段。而《新闻调查》每期节目时长为 45 分钟，在有限的时长内要事无巨细地表现事件的全貌似乎难以做到。有时可能节目已经播出，但人们对这一社会现象仍然保持着较大的关注度，甚至事态还在持续发酵中，因此在报道的连续性上和新媒体相比还有所不及。例如，2015 年 1 月 10 日播出的《新闻调查——18 年后的无罪判决》讲述的是引起社会强烈反响的“呼格吉勒图强奸案”，节目播出期间正值法院对此案件做终审判决阶段（最终结果为呼格吉勒图无罪），随后直到 2016 年 2 月近一年的时间，大家对此案的追责结果仍持续关注着。

新闻节目、综艺节目和电视剧作为拉动电视经济的“三驾马车”，在近年来的电视荧屏当中并不是平分秋色。在历经海外模式引进潮、电视技术大加改进、明星扎堆上节目、形式多样的真人秀等多轮轰炸后，综艺节目成了各大电视台赢得受众、打造品牌美誉度的强大武器，使得新闻出版广电总局不得不多次下发“限娱令”予以整顿限制。综艺节目的热播对电视新闻节目产生了不小的冲击。特别是在“一剧两星”政策的影响下，一晚三集电视剧连播变成一晚两集连播，各大卫视为弥补中间的空余时段，开辟出全新的“920 节目带”，纷纷在每晚 9:20 献上短小而又精美的电视节目，更是对每周六晚 9:30 播出的《新闻调查》构成了巨大的威胁。

电视节目是主持人赖以生存的土壤，主持人是电视节目外化的标志，受众每周定时定点观看，更像是每周一次与节目的约会。《新闻调查》的记者型主持人是节目发展过程中不可缺少的动力源泉，也是节目创作过程中主力军。然而近年来，伴随着《新闻调查》一起成长起来的一批记者型主持人和制片人先后离开，对熟悉节目的受众来说不太容易接受。不同的调查手法、新鲜的主持面庞对受众来说又是一个全新的适应过程，也不利于节目未来的发展。

因此，在新媒体的强烈冲击、节目类型的不断丰富，以及伴随节目成长起来的知名记者型主持人和节目制作人的离职等多重因素的裹挟之下，如今的《新闻调查》和往日的辉煌相比，似乎有一些黯淡，走入一段瓶颈期。

六、记者型主持人简述

（一）记者型主持人的界定

我们通过检索发现，目前学界和业界对于记者型主持人的概念研究并不多，可以说还没有形成统一的定义。吴郁谈到记者型主持人时说："记者型主持人，本身并不是规范的职业称谓，而是一种特征性的强调。记者型主持人，特指新闻评论类节目或其他类型节目中以采访、调查、访谈为主要工作方式的主持人。"[①]

朱静宜认为在记者型主持人这个词语里，主持人是中心词，记者型是定语，换言之，记者型主持人是能高度融入节目报道意识，以采

---

① 吴郁．当代广播电视播音主持[M]．上海：复旦大学出版社，2005：150.

访、主持见长,集采、写、编、播于一体的主持人。[①]

刘枫认为记者型主持人是记者和主持人的一种融合形式,也是其发展的一种高级形式。他既拥有出镜记者的能力,在新闻现场起到叙事和评论的作用,又拥有主持人的能力,对节目内容起到统筹兼顾和控制全局的作用。记者型主持人的产生与发展取决于电视事业的发展与管理体制,他是采、编、播一体化和主持人中心制下的产物。[②]

虽然不同研究人员给"记者型主持人"下过不同的定义,但综合起来可以发现以下几个共同点:(1)记者型主持人集主持人与记者双重角色于一身;(2)记者型主持人参与节目创作的全过程,并对节目起到统领作用,驾驭节目进程;(3)记者型主持人以采访、主持见长,具备采、编、播、评等多种能力。

由此可见,记者型主持人集记者、主持人角色于一身,既要有丰富的采编实践和新闻工作经验,又要有较强的口语表达能力,善于做现场报道评论;既要充当记者,调查采访事件的全过程,又要把调查过程直接传达给受众。也就是说,无论在调查现场还是在演播室,必须由记者型主持人对整个节目进行必要的串联和适当的议论,因此,他具有记者和主持人的双重身份。在双重身份的角色下,记者型主持人不能仅从记者或主持人单方面入手考虑问题,而要从节目整体出发,既要完成对整个事件的具体采访,又要考虑主持的方式,最终在镜头前用个性化的视角、个性化的思维方式和个性化的语言把整个事件的前因后果向受众娓娓道来,从而让受众在其引导下深入了解报道内容。

---

① 朱静宜.媒介融合下记者型主持人的素养研究[J].才智,2012:154.

② 刘枫.记者型主持人的能力要求及培养模式[J].中国广播电视学刊,2011:61.

对于调查类节目而言，记者型主持人已不仅仅是一般意义上的主持人：作为记者，他必须亲临现场直接参与整个新闻事件的调查和报道，对整个新闻事件的报道起到主导作用；作为主持人，他是整个节目的策划者、组织者和传达者，必须把媒体的意图通过自己对节目的理解传达出来，从而起到媒体与受众沟通的桥梁作用。

（二）记者型主持人的发展

记者型主持人最早可追溯到CBS的爱德华·默罗以及后来出现的克朗凯特。有人把他们称为传播巨人，因为他们为美国的传播事业立下了不朽的功勋。甚至有评论说，爱德华·默罗的一生为世界传播历史赋予了不同寻常的积极意义。因为在二战前夕，爱德华·默罗开创了传播史上第一个《新闻联播》节目，而后在二战时期，他又以无比的智慧和无畏的勇气，开创了传播史上的又一个奇迹——《这里是伦敦》。爱德华·默罗多次亲临现场进行报道，让人们有史以来第一次听到如此生动、快速、真实，甚至就像身处战场一样的报道。随后他在《现在请看》节目里，揭露了“麦卡锡主义”的种种阴谋，使节目最终被权威媒体评价为“电视史上最轰动的节目”。

克朗凯特是继爱德华·默罗之后的美国又一个光彩夺目的传媒巨星。克朗凯特在二战时期担任美国合众国际社随军记者，出生入死地在战场上进行报道。越战期间，他曾多次深入越南采访，并向公众说出了真相。克朗凯特的精彩还体现在“水门事件”中与尼克松的较量上。他在面对尼克松威胁、恐吓的强大压力下，置个人生死于不顾，对整个事件进行了追踪报道。此次报道令时隔几十年后的美国民众对“水门事件”仍记忆犹新。由此，克朗凯特也为今后的记者型主持人树立了良好的典范。除此之外，美国 CBS 王牌新闻节目《60 分钟》首席主持人华莱士、《晚间新闻》节目主持人丹·拉瑟也都堪称世界一流的记者型主持人。

自 1980 年 7 月 12 日中央电视台《观察与思考》节目(《焦点访谈》的前身)记者庞啸报道时在电视屏幕上标注“主持人”字样开始，主持人节目如雨后春笋般出现。主持人节目的出现意味着主持人从“文革”时期“高平空，冷僵远”的时代走向了富有亲和力、感染力的时代。正因为有了主持人节目的出现，才使得媒介传播的传受双方彼此拉近距离，有了建立平等对话的可能。

随着改革开放的不断深入以及新闻话语权的逐渐放宽，一批符合时代发展需要的新闻评论类节目应运而生，记者型主持人正是在这一背景下出现并逐步发展的。记者型主持人的出现拓展了主持人队伍的领域。“电视节目主持人化也不是《东方时空》的首创，但《东方时空》的主持人与以往电视节目主持人的不同之处在于开始使主持人记者化。”[①]1993 年，《东方时空》的开播标志着记者型主持人率先在央视作出尝试。而 1996 年央视新闻调查类节目《新闻调查》的开播则对记者型主持人的角色定位、职业素养、能力建构等进行了更加立体化的呈现，使得记者型主持人逐渐被受众接受并认可。同时，在中国知网(CNKI)对记者型主持人进行检索发现，1996 年出现了第一篇以记者型主持人为议题的研究成果，即王垚的《舆论参与：新闻

① 孙玉胜. 十年：从改变电视的语态开始[M]. 修订本. 北京：人民文学出版社，2012：44.

工作者的应有职责——浅谈电视记者和记者型主持人的角色定位》。这篇研究成果的创作背景源于记者型主持人在新闻报道中出现了“越位”,个别主持人放大了个人色彩。因此,作者对记者型主持人在新闻报道中应该以什么角色参与社会生活进行了分析。可见在记者型主持人出现之初,业界对于记者型主持人的相关定义、工作规范、职业素养、能力建构、角色定位等议题并没有一个清晰的认识,直到近十年来,随着记者型主持人出声露面机会的增多,这些问题才慢慢被重视起来。

央视对记者型主持人进行培养之后,各级地方媒体意识到记者型主持人是应对媒体日益激烈的竞争的有力武器之一,纷纷将记者型主持人的打造作为平台品牌化塑造过程中不可缺少的一部分。如山东卫视的《调查》、东方卫视的《1/7》、凤凰卫视的《走读大中华》《社会能见度》等。这些调查类节目的播出都在一定程度上体现了业界对记者型主持人的重视。近年来,随着电视直播的常态化,特别是突发事件中现场报道的增多,越来越多的记者型主持人在媒体一线涌现出来,为受众带来许多宝贵的一手资料。

第三节 《新闻调查》中的记者型主持人

由于《新闻调查》定位为调查类节目,而且最终形成了一个相对稳定的节目表现形式——电视调查文体,因此节目的调查是通过记者来完成的。在节目中,记者既是调查的主体,又是一个节目的结构元素。

“一个调查节目的完成，需要调动多种电视语汇，但是唯独调查记者的行为以及由此展开的调查过程，是《新闻调查》最具调查个性和最具优势的语汇。”[①]总体来说，标准的调查文体就是以展示调查记者的调查行为为主的新闻报道方式。在节目中，记者是完成探寻和揭示社会现实的一个角色，是替代公众在探寻真相。这个探寻当中包含了很强的主动性，因为此时的记者不仅是在旁观事件发生，而且要介入事件。但这种介入并非要改变事件，而是要挖掘事件，要把那些被遮蔽或埋藏起来的东西揭示出来。

中国广播电视节目主持人在25年的发展进程中，已由最初的“出声出像”的被动从属地位逐渐走向了节目的主创地位。尤其是新闻节目的主持人，他们往往参与整个节目的策划和创作过程，深入到节目的各个环节中，更深刻地把握节目的宗旨，真正成了节目的灵魂。

一、记者型主持人在节目制作过程中的主导地位

记者型主持人在节目制作过程中的主导地位得益于《新闻调查》确立的记者中心制。前制片人张洁认为记者要成为节目的第一主角，记者的主动性越强，节目越好看。2003年9月，张洁推出了“记者中心制”，即调查记者对选题有一票否决权，记者是采访拍摄小组的组长。长期以来，《新闻调查》一直以编导作为创作的核心，首先是编导选自己感兴趣的选题，然后看让哪个记者去采访，记者在创作过程中相对处于被动的地位。虽然节目也强调记者是调查的主体人物，但是实际

---

① 张洁，吴征. 调查《新闻调查》[M]. 北京：文化艺术出版社，2006：34.

上所有的控制权都在编导的手里。记者该怎样行动，以什么样的方式行动，都是由编导决定的，包括时间、地点、人物、采访的流程等。而记者中心制从一开始就明确了记者是新闻报道的最重要的创作者。记者要从头到尾参与整个新闻事件的判断过程，并且最终实现对新闻真相的探寻。同时，在后期的编辑过程当中，记者的思想和建议必须很好地体现出来。“记者中心制”给主持人带来了完全不同的空间，主持人对自己的节目有了更深入的理解，这对于调查节目来说相当重要。这样一来，记者型主持人在把握整个节目的流程时就更加游刃有余，更能发挥主持人作为节目核心的作用，而责任也更加重大了。

众所周知，主持人在调查节目中的作用就是驾驭整个节目的进程。对于《新闻调查》的主持人来说，这种前期的主创者身份和节目过程中的主导者身份都更有利于主持人对整个节目进行掌控。

一般的电视节目主持人通常是指以有声语言为主线“出头露面”驾驭节目进程的人。记者型主持人相较于一般的节目主持人而言，集记者和主持人双重角色于一身。在人们的印象当中，记者的职业范畴主要存在于新闻消息类节目尤其是突发事件现场报道当中，记者通过在第一现场调查、采访获得一手资料，来补充新闻内容。但是在新闻消息类节目中，记者既不能时时出现，也不能驾驭整个节目进程。记者的出镜与否是根据新闻报道的需求来决定的。《新闻调查》的工作手册对节目中的记者型主持人作出了这样的解释，“《新闻调查》有一个不可或缺的要素——调查记者。他是调查行为的实施者、调查过程的表现者，是这个节目的外化标志和品牌形象。一个没有调查记者出现的节目，不应该是《新闻调查》的节目，而调查记者缺乏良好表现的节目，也绝对不是好的调查节目。一个调查节目的完成，需要调动多种电视语汇，但是唯独调查记者的行为以及由此展开的调查过程，是《新闻调查》最具有调查个性和最具优势的语汇”[①]。由此可以看出，《新闻调查》中的事件调查是通过记者型主持人来完成的，他是引导调查行径的实施者，驾驭着节目的进程，因此他和一般的节目主持人的职业行为有相同之处，符合主持人的概念。同时，《新闻调查》中的记者型主持人的出现也为主持人开辟了新的领域。

在“记者中心制”的创作原则下，《新闻调查》给予记者型主持人更大的创作空间。他们作为节目的主创对选题进行搜集、策划，拥有选题的否决权，负责制订相应的采访计划，对采访进程进行引导和把控，同时有权对编导后期成片提出自己的见解，对成片叙事结构和表述方式进行把关。与以往“编导负责制”下的被动创作相比，记者型主持人主动地参与到节目制作的每一个流程。比如《新闻调查》的一位记者型主持人在节目选题资料整理阶段时常会通过微博来搜集资料，将网友对事件的看法融入她的创作中。2015 年 12 月，她在网上发布一条微博，表示想做一期租男女朋友回家过年的节目并向网友征集意见。通过对这些意见的分析整理，她在 2016 年 1 月 23 日做了一期反映都市大龄未婚男女现状的节目《单身男女》。再比如一位在节目中既担任编导又担任记者型主持人的资深记者在做《大国的握手》这期节目时，晚上要接收传达第二天的拍摄计划，要研究如何采访，该采访哪些人物，白天要想方设法在美国制造能采访我国领导人的机会，

① 张洁，吴征. 调查《新闻调查》[M]. 北京：文化艺术出版社，2006：34.

为节目采访制订计划并对采访进程进行把控，等等。经过几年的实践证明，只有记者型主持人对当期报道的选题、采访对象等与事件相关的细节越了解，在节目创作过程中才能最大可能地激发其创作热情。

二、记者型主持人与团队的合作

任何一个栏目的成功都是集体智慧的结晶，主持人的成功同样包含了栏目组成员的共同心血。因此，记者型主持人与团队的合作尤为重要，《新闻调查》改变了以往光靠个人单打独斗的局面，营造了荣辱与共、精诚合作的工作氛围，充分调动每个成员的积极性，同时发挥集体的智慧和力量，确保节目的顺利完成。

记者型主持人与团队的合作在采访过程中体现得尤为突出。由于《新闻调查》报道的事件是一种现在进行时的纪录式调查，在采访中往往会出现一些突发情况和未知事情，这就需要记者型主持人和摄像师默契的配合。同时，记者型主持人在工作中还要时时保持与其他成员的协作精神，要懂得尊重自己的合作伙伴，并能真诚、谦和地对待身边的每一位同事。这不仅仅是职业道德问题，也体现了一个人的人格魅力和修养。只有把自己真正地融入到集体当中，有了良好的工作环境，才能保证节目的成功。否则，主持人再有能耐，没有其他成员的默契配合，也不可能有高质量、高水平的节目。

在《双城的创伤》节目结束前，有一个成功的长镜头：当时记者正和被采访的小学生坐在一个小土坡上谈话，忽然其中的一位小学生起身迅速离开了土坡，头也不回地走了。这突如其来的状况让记者有些沮丧,她心情沉重地坐在原地,陷入了沉思。这时,镜头从远去的小学生的背影摇到记者的身上,并停留了好几秒,记者从沉思中回过神来,对着镜头一气呵成地完成了调查节目。这位记者也认为这个镜头拍得很好,而且最宝贵的是她和摄像师对这个事件的认识是一致的。他们都认为这个镜头不要推,就跟着那个孩子走,一直到他消失,镜头再摇回来。这种默契已经不用事先交流了。真实的镜头展现了记者和摄像师对这个事件的共同思考与认识,并以独特的表现方式记录了他们的价值观。在这个 1 分 40 秒的长镜头里面,只要有一瞬间摄像师和记者的感受与理解是相悖的,抑或记者无话可说,那么节目的效果就相去甚远了。所以主持人在节目中跟同事之间的磨合是相当重要的,它来自主持人平时与同事之间的真诚沟通,大家一致的敬业精神,还与主持人的勤奋好学、善于思考分不开。

在《新闻调查》节目组里,每个人都是创作者。每做一期节目之前,整个小组都会积极讨论;拍完节目之后,大家会一起商量结构;编完第一版之后,大家再一起看片子。在小组里,编导和记者之间还经常会为节目发生争吵,这种争吵是非常激烈的,包括开会讨论节目时也是这样。但是这种争吵不是为个人的脸面争高下,而是对工作的高度投入和精益求精。

正是由于这种工作方式,才使得《新闻调查》具有极强的凝聚力和战斗力。因为只有当每个人都投入全部的身心来创作的时候,节目才能呈现出一种完整的、丰满的可能性。

三、《新闻调查》中个性化的记者型主持人

《新闻调查》成长的20年同时也是记者型主持人从早期探索向常规化配置的20年。在这20年间,《新闻调查》通过先进的制作手法和理念制播了一系列反映社会现实、揭露社会真相的深度报道,在获得业内认可的同时也奠定了它在中国电视调查性报道节目中的标杆地位。与此同时,《新闻调查》涌现出了一大批优秀的记者型主持人,这些记者型主持人伴随着《新闻调查》经历了不同的发展时期,带有鲜明的个人风格。他们是节目的灵魂,是节目成功路上的一道亮丽风景。中国传媒大学朱羽君教授曾经这样评价《新闻调查》中的记者型主持人:"主持人是调查节目的一个重要元素,他在现场的走访、提问和发现,就是在结构节目内容。他的风度、气质和智慧,在很大程度上决定着节目的质量。《新闻调查》是培养主持人的地方,比如柴静,原来没有现在这么光彩,因为原来的节目没有给她那么好的篇幅和题材;比如王志,实际上是《新闻调查》培养起来的,他的质疑和话语方式,体现了节目的风格;比如杨春,很有调查人的气度。另外长江也很成熟,还有董倩,很有人气。主持人是《新闻调查》的灵魂,是电视书写的笔尖。"[①]伴随着《新闻调查》共同成长的记者型主持人依托不同的选题背景,充分发挥自身的主观能动性,呈现出不同的叙事特征。

---

① 赵华.央视《新闻调查》幕后解密[M].北京:中国广播电视出版社,2008:243.

(一)“品牌记者”王志

说起王志,相信受众对他一定不会感到陌生,正如《新闻调查》前制片人张洁所说的:“王志是中国调查节目中当之无愧的第一品牌。”王志在《新闻调查》中的出色表现不仅为栏目带来了独特的气质,还为栏目中记者型主持人的调查行为奠定了标准。尽管在2003年由于频道以及栏目的调整,王志被调往其他栏目任职,但在《新闻调查》这些年的工作经历,特别是采访时积累的经验,对他在之后的栏目中起到了很大的帮助作用。正如王志自己所说:“包括现在我做《面对面》,仍然觉得在《新闻调查》的那一段经历,对我做《面对面》是不可缺少的一步。”①

王志在《新闻调查》中最鲜明的标志就是质疑的态度。在调查中,他沉着冷静、敏锐机智,对每一个问题都有很强的探寻心理,永远抱着怀疑的心态去破解疑问。通过反复的质疑刺激受访者,揭穿一个又一个谎言。同时,环环相扣的发问也较好地把握了整个节目的叙事节奏。王志对“质疑”是这么看的:“我觉得《新闻调查》的记者就得打破砂锅问到底。你要告诉大家什么是真的东西,你不能被假象所迷惑。可你通过什么样的方法达到这个目的?就是‘质疑’,就是提问题,提很尖锐的问题、很直接的问题,否则你跟主持人坐在演播室里有什么区别?因为你对面坐着另外一个人,所以你需要跟他对抗,你的立场需要跟他不一样。”②

---

① 赵华. 央视《新闻调查》幕后解密[M]. 北京:中国广播电视出版社,2008:195.

② 赵华. 央视《新闻调查》幕后解密[M]. 北京:中国广播电视出版社,2008:195.

例如，在《眼球丢失的背后》这期节目中，王志和眼科主任黎晓新之间的访问就十分具有火药味，质疑的色彩非常浓重。

王　志：高伟峰取眼球向你请示了吗？

黎晓新：他是专业组负责人，不用向我请示。

王　志（一连3次追问）：高伟峰请示过你吗？

同在现场记录的编导后来回忆黎晓新在被王志追问后直接停止了采访，并向王志说道："你问这话是什么意思？我受不了你的语言、你的眼神，我拒绝再采访下去。"[①]王志在采访高伟峰时也一直抱着质疑的态度，比如：

王　志：偷和拿有区别吗？

王　志：对着我们的镜头，你保证两起手术中，没有你个人的利益？

（二）"双高记者"王利芬

提起王利芬，同事对她的最初印象是"双高"，即身材高、学历高，而这份印象在她日后的创作中也发挥了极大的优势。王利芬是《新闻调查》最早的记者型主持人之一，同时还担任《新闻调查》的编导。在双重角色的引领下，她创作了一批优秀的节目，如《跨世纪的访问》《跨世纪的政府》《重庆：中国第四直辖市》《大国的握手》《透视运城渗灌工程》等。其中，《透视运城渗灌工程》是王利芬最具代表性的节目之一。

① 夏骏，王坚平. 目击历史：《新闻调查》幕后的故事[M]. 北京：文化艺术出版社，1999：19.

她充分发挥记者型主持人的作用，在当地政府的跟踪、阻挠、窃听等重重障碍下依然毫无畏惧地深入每一个渗灌地点走访查看，并敢于用智慧与当地官员展开较量，在一步一步的采访中揭开一个又一个充满谎言的秘密。可以说，这期节目展现了她的现场意识、质疑意识、用事实说话的意识，"她创造或提供了一个电视记者特有的美丽，她爬上假灌溉地、拔出假管道时表现的泼辣，她采访当事人时的从容、平静和机智，她在镜头面前的朴素大方，都在丰富着她所做的节目"[①]。

在这期节目中，王利芬在芮城县走访调查时发现，当地的渗灌工程大部分都没有配套设施，几乎形同虚设。很多工程内部长满了花花草草，村民们甚至纷纷表示这些工程自建成之后就从来没有发挥过作用，这和政府所宣传的内容完全背道而驰。为此，王利芬采访了芮城县主管农业的一位领导。

王利芬：农民的反映您听过没有？

领　导：农民啊（一副嫌弃的表情），咱们国家现在农民素质有多高啊？咱们芮城历来搞什么工作都踏踏实实。（得意、自信）

王利芬：建在路边的那样一些渗灌你有没有看过？

领　导（短暂回想，其实在想该怎么接话）：看过。

王利芬：这么长时间没有配套？

领　导：没有配套的可能只占三分之一，20%到30%，不能光说配套了或没有配套，它没有配套也能发挥作

① 张洁，吴征. 调查《新闻调查》[M]. 北京：文化艺术出版社，2006：147.

用。(自信)

王利芬:在渗灌里面长了几棵向日葵,长了一棵树,这些有什么用呢?(戳破谎言)

领　导(试着想争辩):那是,有的作为蓄水用的嘛!

王利芬:长了一棵树还能蓄水吗?

领　导:树不影响蓄水嘛!(开始支支吾吾)树把它一砍伐……

王利芬:然后再抹上水泥?

领　导:嗯,对。

王利芬:还可以蓄水?

领　导:可以蓄水。

在整个采访过程中,王利芬一直保持着不紧不慢的采访态度,脸上带着温和的笑容,表现出对受访者的一种尊重。面对受访者的谎言,她不急于拆穿,依然保持平静的采访态度。在这样不温不火的采访状态下,她将事实无可争辩地呈现在受众面前。

(三)“知性记者”董倩

董倩2000年来到《新闻调查》栏目组担任记者型主持人。在此之前,她在《东方之子》担任过3年的出镜记者,3年的记者生涯为她在《新闻调查》的工作提供了宝贵的经验。《新闻调查》的从业经历让董倩接触到社会各阶层的人,磨炼了采访能力,培养了职业素养。外形简单干练,内心知性从容,这是很多受众对她的印象,也正因为这种个人魅力,让董倩拥有不错的观众基础。“朴素大方”是董倩对自己采访风格的评价，“董倩凭借自己的勤奋、聪明，渊博的知识、特别的视角形成了独特的个人气质魅力、智慧魅力、形象魅力”[①]。

例如，《铬渣的警告》是一期反映化工厂倾倒铬渣导致环境污染的节目，呈现的是一个具体的事件。董倩在这期节目里从手捧一堆剧毒化学物质铬渣开始讲起，对所在环境、场景细心观察、描述，不放过任何一个细节，体现了一个记者应该具备的敏锐观察力。在面对因环境污染而忧心忡忡的村民时，她会静静地倾听村民的心声，并主动靠近受访者，拉近双方的距离，体现出一种关切的态度。她紧锁的眉间透露出来的是同情和忧虑，而与此同时，她始终没有停止的是思考，是判断，是求证。

（四）“侦探记者”杨春

杨春是继王志之后在《新闻调查》栏目中出现的又一位出色的男性调查记者。在加入《新闻调查》的这些年，杨春做了许多优秀的调查节目，如《农民连续自杀调查》《选举现场枪击案》《派出所里的坠楼事件》《南丹矿难内幕》《第二监狱的春天》等。我们通过梳理发现，这些年他所做的节目基本都属于带有揭示内幕性质的事件调查类节目，正如《新闻调查》前制片人张洁所说，杨春擅长做事件调查类题材的节目。

杨春大学从北京广播学院播音系毕业后在新华通讯社工作，通过央视主持人大赛脱颖而出，后加入《新闻调查》栏目。正是有了早年的

---

① 张洁，吴征. 调查《新闻调查》[M]. 北京：文化艺术出版社，2006：146.

这些经历做铺垫，才让他在《新闻调查》中显得从容自然、驾轻就熟，形成了自己独特的调查风格。作为《新闻调查》的男性调查记者，他的发问不同于王志那样带有鲜明的质疑色彩。杨春最具特色的调查方式是像侦探一样带领受众一步一步去探索，进行层层剥笋式的调查。此外，他极其注重调查过程。在调查过程中一边分析，一边搜集新线索。因此，在他的调查中往往会有很多对细节的表述，镜头是由他来掌控的，这些特质贯穿于他创作的每一期节目中。

比如在《鄱阳湖之痛》中，杨春就犹如侦探一般带领受众去现场探访。

> 尽管我们穷尽了想象，但是眼前这荒草丛生、没有一滴水的鄱阳湖，还是让我们感到震惊，原来只能坐小船才能来到这里，而现在呢？我们从很远的地方开了很长时间的车安全抵达这里。看看这条倒扣的小舢板，显然已经搁置在这里很长时间了；而左边这艘大船更让人感到吃惊，在这个本来是捕鱼捞虾的一个最繁忙的季节，现在却被闲置在这里。我们上去看一下：里面结满了蜘蛛网，甲板上布满了鸟粪，所有的这种捕鱼捞虾的设备都已经被拿走，显然（这艘船）已经搁置在这里很长时间了。

在这一段语言中，杨春的描述十分细致，具有强烈的画面感，再配合镜头的驾驭，使得整个现场活灵活现地展现在受众的面前。通过他侦探似的调查，受众对于鄱阳湖的干旱程度有了更为直观的认识。此外，在下面这段串联词中，杨春除了表述他所了解到的信息，在语言结束的部分还自然地借助镜头和鱼鹰来了一个喂食的互动，而这样一个表现不仅活化了镜头，还为表述内容增添了不少色彩。

鄱阳湖的这场大旱影响的不是某一户、某一家，而是整个链条，从养鱼的到捕鱼的，到收购的，像是这样的一个水上人家，他们今天忙活了整整一下午，花了好几个小时的时间，这么多的鱼鹰，总共才捕到这么些鱼，可以说连它们自己的肚子都喂不饱，辛苦了。

(五)"温柔杀手"柴静

柴静是《新闻调查》发展历程中曾经耀眼的一位记者型主持人。中国传媒大学朱羽君教授说柴静原来没有在《新闻调查》那么出彩，因为原来的节目没给她那么好的空间和题材。《新闻调查》制片人说柴静比较具有战斗性，只对调查性报道感兴趣，揭黑的节目做得比较多。2003年，柴静加入《新闻调查》栏目组时，正值"非典"肆虐全球。她先后7次深入抗击"非典"前线，面对面采访患者，冒着生命危险做了《北京："非典"阻击战》《广州："非典"遭遇战》《"非典"突袭人民医院》等"非典"系列报道，成为第一个零距离报道"非典"的记者。此后，随着《双城的忧伤》《一只猫的非正常死亡》《女子监狱调查》《艾滋孤儿的家》《注射隆胸》等节目的播出，人们对她的关注越来越多。面对强权时，看似柔弱的她从未退缩，不回避让人尴尬的问题，体现出强硬的一面；面对弱者时，情感丰富的她又会真情流露，展现出柔软的一面。

柴静在《上海楼倒事件》这期节目中，通过走访专家了解到在施工现场大量堆土是一个十分低级的错误。既然是低级的错误,为什么作为监督施工方的监理方没有在第一时间制止这样的行为?带着疑问,柴静采访了项目监理方的负责人。

记　者:本来对安全隐患的监督是你们的职责,那为什么不按这个规定走呢?

诸光龙(监理公司项目经理):现在我们是开发商请来的监理,你知道吗?我们以后是问他要钞票的。

记　者:那不就等于说你们只对钱负责,不是对建筑真正的安全负责?

诸光龙:这不是对钱负责。

记　者:那您说对开发商的钞票负责。

诸光龙:我们也跟他说过了,我们该尽的责任,尽到了。

记　者:那您今天看到这样的楼,会有负疚感吗?

诸光龙:现在既成事实了,有什么办法呢?

记　者:不反思、不总结的话,这样的事情可能还是会难以避免的。

诸光龙:以后肯定要总结。

记　者:可是我并没有看到监理部门对自己这些失职的地方有反思。

(诸光龙回头看向倒下的楼房,一言不发)

采访中,柴静始终保持着微笑,语言不卑不亢,使原本就心虚的监理方显得更加不知所措。而就在这样的状态下,摄像师将镜头从柴静移向监理方转过头看向倒塌的楼房试图回避话题的画面，这个留白镜头让受众更加能够感受到监理方的失职，体会到柴静在采访过程中有一种柔中有刚的力量。柴静在接下来采访施工方和开发商时也同样呈现出这样的状态，正如柴静在谈到自己的采访经验时所说："当你面对谎言、言不由衷的话时要控制，要一样尊重他讲话的权利，要等待谎言自己暴露自己。"

四、《新闻调查》中记者型主持人的叙事特质

《新闻调查》决策者在开办之初就说要做一档像美国《60 分钟》一样的电视调查性报道节目，而《60 分钟》制片人唐·休伊特提出的"把新闻当故事讲"的理念也一直被许多媒体从业者视为准则。开播后的《新闻调查》借鉴《60 分钟》"调查性纪录片"的节目形态，"用纪实的方式拍摄，展现对新闻事件的调查和采访过程，把新闻当成故事来讲"[①]。同时，《新闻调查》在开办初期就将具有戏剧情节、有可供调查展现的张力、有展现矛盾冲突的空间等列为栏目选题的标准。

叙事即"讲故事"，日常生活中的新闻节目、综艺节目、纪录片、广告等都存在着叙事的痕迹。电视新闻的叙事是通过电视声画结合的特性，运用声音、画面、文字等多重符号，对新闻事件的前因后果进行梳理分析，对事件的发展作出预测。"在电视调查性文体中，叙事其实是将策划、拍摄、采访过程中所获取的各种信息以一种具

① 孙玉胜. 十年：从改变电视的语态开始[M]. 修订本. 北京：人民文学出版社，2012：191.

有逻辑的电视视听语言通过主持人的'人格化'阐述表达出来的传播方式。"[①]《新闻调查》作为一档电视新闻调查性报道栏目，依托电视声画结合的语言符号，展现记者型主持人为探寻事实真相而不断调查走访的过程。在《新闻调查》开播5周年纪念仪式上，栏目中记者型主持人的功能被科学地定义为："节目的调查通过出镜记者来完成，他是调查行为的实施者、调查过程的表现者。他不仅是一期节目的主体结构元素，同时也是这个栏目的外化标志和品牌形象。节目中记者的调查围绕悬念展开，每一次调查行为都是通过悬念的提出、悬念的求证、悬念的解决来完成的。"[②]在《新闻调查》每期45分钟的节目里，记者型主持人所报道的新闻事件普遍是曲折离奇、一波三折的。在记者型主持人对事件调查取证的过程中，多重线索和细节经常交织在一起，然而在电视媒介的传达下很难做到同一时空下的共同表达。这时候，记者型主持人层层递进的叙事手法就可以为事件的传达起到很大的帮助作用。可以说，《新闻调查》中记者型主持人承担着节目的叙事任务，在节目中带有明显的叙事特质。相较于其他新闻类节目而言，《新闻调查》的不同之处在于它记录的是记者型主持人的调查行为，这种调查行为贯穿于节目始终并占领核心位置。因此，《新闻调查》的记者型主持人作为叙述者推动着节目整体叙事进程。

《新闻调查》曾播过一期节目——《单身男女》，反映的是在中国一些大城市里越来越多的年轻人到了适婚年龄却由于各种原因依然保

---

① 张龙.记者型主持人角色论[M].北京：中国广播电视出版社，2009：88.

② 张洁，吴征.调查《新闻调查》[M].北京：文化艺术出版社，2006：34.

持单身，探讨的是时下热门话题。这个选题就《新闻调查》主打的舆论监督性质的事件调查题材而言，不具备那种发展逻辑和悬念感。因此，节目在叙事过程中就特别依赖记者型主持人去营造一条逻辑链条，这条逻辑链条作为贯穿节目的主线，将受众引入一个充满故事性的意蕴空间。

第二章

《新闻调查》记者型主持人的叙事策略

“新闻当事人的行为创造出的是社会上的新闻事件，而记者型主持人的调查所构建起的是电视新闻的传播逻辑。”[①]这条传播逻辑就是记者型主持人围绕事件调查所建构的叙事主线。在《新闻调查》每期45分钟的节目中，倘若平淡无奇地讲述故事内容，难免令人索然无味。如何将故事讲述得一波三折、曲折离奇，则十分考验记者型主持人对于叙事主线的构造以及讲故事的技巧。只有掌握了一定的叙事策略和叙事技巧，才能提高记者型主持人讲故事的能力，从而实现传播效果的最大化。

第一节 关于叙事理论的研究

叙事学(Narratology)是以叙事作品和叙事方法为研究对象的一门学科，在20世纪60年代结构主义大背景下正式诞生。它起源于20

---

① 张龙.记者型主持人角色论[M].北京：中国广播电视出版社，2009：75.

世纪20年代末俄国形式主义者什克洛夫斯基等人的研究中，其中对叙事学影响最直接、贡献最大的是俄国民俗学家、结构主义叙事学的先驱弗拉迪米尔·普洛普，他的代表作《民间故事形态学》开启了叙事学研究的先河。之后的几十年里，叙事学在以法国为中心的文学批评理论界得到了迅速发展，并由此辐射到世界各地。20世纪80年代中期，叙事学理论开始被逐步介绍到中国。叙事学在发展过程中，诸多理论被其他学科所借鉴。21世纪初，叙事学被引入我国新闻传播学领域，为研究者提供了新的方法和视角。

我们的日常生活中处处都有叙事存在的影子，它影响着我们的思考方式和表述方式。叙事由多个媒介符号构成，比如语言符号、非语言符号、副语言等。罗兰·巴尔特在《符号学的挑战》中对"叙事"作了具体的描述："这个世界的叙事数不胜数。首先，用以叙事的各种样式数量惊人，这些样式本身分布在不同物质之中，就好像任何材料都可以用来讲故事：口头或书面的谈话、移动或固定的形象、手势和所有这些东西的混合体都可以支持叙事；在神话、传说、寓言，悲剧、喜剧，电影、电视，甚至交谈中都能找到叙事。"[①]因此，电视作为声画结合的媒介，本身就具有十分强烈的叙事特质。电视新闻作品作为叙事文本之一，更是采用声画结合的叙事手段对新闻事件进行全方位的解读和透视。叙事学重点研究两个部分：一个是"故事"，即叙述的内容，简单地说就是"什么人碰到了什么事"；另一个是"话语"，即叙述的方式，简单地说就是"这个故事怎么被人传达出去"。"新闻叙事所研究的重点也

① 肖潇.电视调查性报道的叙事艺术探索[D].长沙：湖南师范大学，2008.

是这两个问题,即报道什么和怎么报道”[①]。“叙事学集中对电视新闻内部的叙述行为进行讨论,主要关注的是以下几个方面:叙述人、叙述内容、叙事时间”[②],电视新闻节目中的叙述人就是主持人或记者。

主持人是信息的直接传播者,是节目外化的标志。对于《新闻调查》来说,记者型主持人调查取证的过程犹如剥丝抽茧,带领受众去揭开一个个隐藏在故事背后的真相,从而与受众共同进入一个故事化的意蕴空间。这当中的记者型主持人可以说是叙述行为实施者,是本研究的核心。

运用叙事学理论来研究新闻传播,国外传播学界已有了一些成果。比如美国传播学者斯蒂文·小约翰将符号相互作用理论、戏剧主义理论和叙述理论收入同一类相关的传播研究理论进行介绍。[③] 20世纪90年代中期,国外的新闻传播学研究者开始注意到“新闻与说故事(News and story-telling)”的关联性,并将叙事学运用于新闻作品的分析中。[④] 美国学者罗伯特·艾伦的《重组话语频道——电视与当代批评理论》收录了一篇来自美国电视理论家萨拉·克兹洛夫的研究成果——《叙述理论与电视》。

近年来,国内学者也出版了不少用叙事学来研究新闻的著作。例如,曾庆香的《新闻叙事学》(2005)、潘常知的《讲“好故事”与“讲好”故事:从电视叙事看电视节目的策划》(2007)、崔林的《电视新闻语言:模

① 田臻宸.新闻周刊封面故事叙事分析——以《瞭望》和《凤凰周刊》为例[D].武汉:华中科技大学,2011.

② 崔林.电视新闻语言:模式·符号·叙事[M].北京:中国广播电视出版社,2009:88.

③ 小约翰.传播理论[M].陈德民,等译.北京:中国社会科学出版社,1999:292.

④ 罗以澄,胡亚平.挑战现实理性 构建浪漫真实——解读新新闻主义的价值观及其叙事结构[J].现代传播,2004(2):31.

式·符号·叙事》(2009)和《电视新闻直播报道——现场叙事》(2012)、欧阳照的《电视新闻的叙事学研究》(2010)、杨琴的《新闻叙事与文化记忆——史态类新闻研究》(2010)、张军华的《影像 话语 文本——叙事分析视野中电视新闻传播》(2012)、方毅华的《新闻叙事导论》(2014)等。这些著作丰富并深化了新闻叙事学的研究视角和研究内涵,为学界和业界提供了更为详尽的理论支撑。

文献方面,在中国知网(CNKI)中单纯以“叙事”为名检索出文献37,647篇,如再并含“新闻”的文献有745篇,其中硕士论文112篇,博士论文5篇。这些研究集中在以下几个方面。

一、叙事视角的研究

苏州大学齐克团的硕士毕业论文《新闻的叙事视角分析》(2005)探讨了主观视角、限知视角和纯客观视角三种叙事视角在新闻叙事中的运用,分析了它们的优势与劣势,认为只有多种视角结合运用,才能增加新闻作品腾挪跌宕的叙事效果及可读性。此外,苏州大学袁黎的硕士毕业论文《电视新闻叙事视角对新闻客观性的建构》(2008)、福建师范大学李俊丹的硕士毕业论文《叙事视角下的涉华新闻编译》(2013)等,也对新闻的叙事视角进行了研究。

二、叙事技巧的研究

东北师范大学杜海宝的硕士毕业论文《“中国新闻奖”电视类作品的叙事技巧浅析》(2012)认为,一个能吸引受众、打动人心的好新闻,除了新闻本身的题材之外，其叙事技巧也是一个重要的因素。文章以近五届中国新闻奖的电视获奖作品为样本，从画面叙事、声音叙事、文本叙事和节目的内在叙事逻辑四个方面进行分析，求得最新的叙事技巧。此外，中央民族大学乌日根的硕士毕业论文《电视新闻叙事技巧和镜头语言》(2005)、山东师范大学徐从芬的硕士毕业论文《电视新闻专题节目选题与叙事技巧的研究——以CCTV专题节目〈看见〉为例》(2013)等，也对新闻的叙事技巧进行了研究。

三、叙事策略的研究

四川大学曲济荣的硕士毕业论文《故事化新闻的叙事策略与技巧研究》(2007)重点放在叙事学对新闻叙事的实践指导上，探讨了新闻悬念的设置，视觉化、细节化的叙事，散文化的语言等具有“故事性和文字美感的技巧”对故事化的新闻写作的意义。此外，西北大学周根红的硕士毕业论文《灾难新闻的叙事策略》(2006)、中国传媒大学李雪的硕士毕业论文《〈新京报〉新闻特稿叙事策略研究》(2009)等，也对新闻的叙事策略进行了研究。

四、以电视节目为个案进行研究

东北师范大学张洪的硕士毕业论文《新媒体环境下电视新闻评论节目故事性叙事研究——以凤凰卫视〈文涛拍案〉为例》(2012)探讨的是在新媒体环境下，电视新闻评论节目如何在多元化的语境中设置议题、整合意见。节目应该采用怎样的叙事策略和模式才能更好地发挥舆论主导的传播特色。此外,中国海洋大学白雪的硕士毕业论文《电视新闻专题类节目的叙事学分析——以〈道德观察〉为例》(2014)、山东大学韩梦羽的硕士毕业论文《〈今日说法〉的新闻叙事学研究》(2014)等,也以电视节目为个案对新闻叙事学进行了研究。

五、以报纸为个案进行研究

浙江传媒学院冷成琳的硕士毕业论文《基于新闻叙事学视角对〈人民日报〉老年报道的研究》(2015)基于新闻叙事学视角对《人民日报》2014 年的老年报道进行研究,对存在的问题进行分析,进而提出改进策略,以此促进老年人媒体形象的建构。此外,湘潭大学唐曙光的硕士毕业论文《报纸民生新闻的叙事学研究》(2008)、厦门大学王鹏飞的硕士毕业论文《台湾报纸关于两岸新闻事件的叙事研究——以〈中国时报〉〈自由时报〉〈联合报〉为例》(2014)等,也以报纸为个案对新闻的叙事学进行了研究。

从以上检索结果可以看出,虽然这些研究为业界带来了新的思考和方向,但还有一些领域的研究偏少甚至没有涉及。比如对叙事者进行研究的文章太少,通过检索仅有 2 篇:黑龙江大学李静芝的硕士毕业论文《电视新闻深度报道的叙事者分析》(2009)和苏州大学阙华燕的硕士论文《论〈新闻调查〉出镜记者的叙事特质》(2009)。除此之外,对于不同媒介相同报道题材的叙事比较、典型个案叙事习惯与风格等相关研究也不多,希望在不久的将来,这些研究也能丰富起来。

第二节 《新闻调查》的叙事特征及记者型主持人的作用

一、《新闻调查》：以调查故事为主线的叙事特征

《新闻调查》的叙事是以记者型主持人的调查活动为线索展开的。记者型主持人的调查活动是"第一层故事"，在这个故事中讲述的新闻事件是"第二层故事"。《新闻调查》决策者在开办之初就说要做一档像美国《60分钟》一样的电视调查性报道节目，"用纪实的方式拍摄，展现对新闻事件的调查和采访过程，把新闻当成故事来讲，事件中应有悬念和冲突，情节应当跌宕起伏"①。

叙事即"讲故事"。电视新闻叙事运用声音、画面、文字等多重语言符号，对新闻事件的前因后果进行梳理分析，对事件的影响表明态度，对事件的发展作出预测。在《新闻调查》每期45分钟的节目里，记者型主持人所报道的新闻事件普遍是曲折离奇、一波三折的。由于在电视媒介的传达下很难做到同一时空下的共同表达，因此，记者型主持人层层递进的叙事手法为故事的讲述起到很大的帮助作用。

《新闻调查》具有以调查故事为主线的叙事特征，记者型主持人承担着节目的叙事任务。节目中，记者型主持人的调查围绕悬念展开，每一次调查行为都是通过悬念的提出、悬念的求证、悬念的解决来完

① 孙玉胜. 十年：从改变电视的语态开始[M]. 修订本. 北京：人民文学出版社，2012：191.

成的，从而也让“冲突”“悬念”“调度”等叙事策略在节目中得以充分地体现和运用。相对于其他新闻类节目而言，《新闻调查》的不同之处在于其记录的是记者型主持人的调查行为，这个行为贯穿于节目始终并占领核心位置。因此，《新闻调查》的记者型主持人作为叙述者推动着节目整体叙事的进程。

二、新闻事件的记录者与调查故事的主角：记者型主持人的双重身份

《新闻调查》内部的工作手册对节目中的记者型主持人做了这样的解释：“《新闻调查》有一个不可或缺的要素——调查记者，他是调查行为的实施者、调查过程的表现者，是这个栏目的外化标志和品牌形象。一个没有调查记者出现的节目，不应该是《新闻调查》的节目，而调查记者缺乏良好表现的节目，也绝对不是好的调查节目。一个调查节目的完成，需要调动多种电视语汇，但是唯独调查记者的行为以及由此展开的调查过程，是《新闻调查》最具有调查个性和最具有优势的语汇。”[①]由此可见，《新闻调查》中的事件调查是通过记者型主持人来完成的，他既是新闻事件的记录者，同时也是调查故事的主角。

记者型主持人的特殊作用得益于《新闻调查》推出的“记者中心制”，即记者对编导的选题有一票否决权。记者型主持人是节目的灵魂、节目的核心要素，甚至是节目的“第一主角”。在“记者中心制”的创作原则下，《新闻调查》给予记者型主持人更大的创作空间。他们作

① 张洁，吴征. 调查《新闻调查》[M]. 北京：文化艺术出版社，2006：34.

为节目的主创投入选题的搜集、策划，拥有对选题的判断权和否定权，制订相应的采访计划，对采访进程进行引导和把控，同时有权对编导后期成片提出自己的见解，对成片的叙事结构和表述方式进行把关。

记者型主持人在《新闻调查》中的双重身份，使其在新闻事件的呈现中起着特殊的作用：他既可以作为新闻事件的局外人，从第三人称视角调度故事情节，又可以以调查故事当事人的身份置身其中，在新闻事件的叙事中灵活运用各种叙事策略，推动新闻事件的发展。

第三节　冲突策略——制造跌宕情节

冲突一直以来都是故事情节中不可缺少的一项叙事策略，没有冲突就没有高潮，没有高潮也就不存在戏剧化的情节。从叙事学的角度来研究冲突的最好方式就是采用二元对立的理论视角。《新闻调查》是一档电视调查性报道栏目，而调查性报道在西方国家被称为"揭丑"性报道，常常揭露社会阴暗面、政府官员腐败行为和一些企业内幕。调查性报道在报道的过程中就已经暗含了二元对立中所需要的一些叙事元素，包括善与恶、美与丑、黑与白、明与暗，等等。二元对立的叙事方式最重要的是对故事人物的类型进行归类。在叙事学的研究中，这些人物被分为主体、反主体和次要人物三种类型。这三种类型在《新闻调查》节目中具体体现为：主体——新闻事件中的主要人物，反主体——与主要人物相对立的新闻当事人，次要人物——与前两位当事人有关联性的人物。在叙事行为中，通常由主体和反主体两方构建起叙事的主线，而与叙事行为相关的其他要素，如次要人物则服务于叙事主线。通过三种人物类型在思想、行为、态度之间的碰撞形成冲突，“每一次的冲突都蕴含着不同思想性格与不同理念的交锋，而正是这些交锋与撞击推动着事件的发展，使我们不断接近事件的真相”①。

叙事者参与故事的程度不同，其身份也会有所不同。根据罗兰·巴特的观点，当叙事者作为故事的主人公讲述自己的故事时，是同故事叙事者；而当叙事者作为故事的见证者不参与故事，而是讲述别人的故事时，则是异故事叙事者。这两种身份在《新闻调查》中依据节目叙事方式的不同，所担任的角色也有所不同。

一、作为同故事叙事者的冲突

有时，在《新闻调查》中作为同故事叙事者的记者型主持人是故事情节的构成元素之一，处于故事的情节之内，推动故事情节的发展。这样的身份难免与受访者因求证、质疑而产生冲突，展现了记者型主持人作为主体的一方，与另一主体之间的对抗。

例如，《与神话较量的人》这期节目通过展现记者型主持人与经济学者刘姝威之间的对话，构架起这期节目的主线。当中有一段两人的冲突被视为这期节目出彩之处。

记　者：就是600字粉碎了一个上市公司的神话，这件事本身我们听起来就令人难以置信，不知道作为当事人来说，你的个人感触是什么？

① 李德刚. 电视新闻调查性报道的叙事方式[J]. 中国广播电视学刊，2004(7)：9.

刘姝威：我纠正你的说法，不是由于我600字粉碎了一个神话。它这个蓝田的问题，我想的话，不是我首先发现的，你不能说是因为我发了这600字才把这个神话来粉碎的，在我之前证监会已经开始进行调查了。

记　者：但问题是，你是第一个发出预警信号的人。

刘姝威：如果是这样的话，那你太小看我们银行家了。现在我要考虑的问题是什么呢？这么简单的问题银行不会发现不了，那么为什么不应该发放的贷款，发放出去了呢？应该停发的贷款停发不了呢？这就说明一定是有其他的因素在干扰。

……

记　者：你指的这个因素是权力吗？

刘姝威：你说呢？

记　者：我问你。

刘姝威：我问你。你听了我的讲述的话，你认为这个因素是什么？

记　者：你是当事人。

这期节目是围绕二者的对话产生的。从看故事的人的角度来说，记者型主持人在其中就是故事的叙事者，他在向看故事的人构建一个与他相关的故事情节。在这个过程当中，两人围绕蓝田的神话与一个敢于戳破蓝田神话谎言的人所受到的遭遇进行对话。记者作为叙事主线的实施者要引导和驾驭话题的走向，有义务将叙事层层推进。这位记者的采访以质疑见长，而刘姝威是一名思维敏锐的学者，在你来我往的语言对峙中，产生了冲突。

在《上海楼倒事件》这期节目中，记者型主持人在调查中发现在建筑物旁堆土是一个低级错误，于是与开发商展开了较量。

记　者：您现在能告诉我为什么前面挖坑，后面堆土就会导致这个楼的倒下？

盛正家：专家都总结过了，无知造成无畏，就这么一句话。

记　者：从表面看起来，能够开发这么大楼盘的一个公司，一定是很有实力的，难道不具备这些知识吗？

盛正家：那我们的专家都说过了，低级错误。

记　者：为什么会有这样的低级错误？

盛正家：无知。

记　者：怎么会无知？

盛正家：书念得少。

记　者：如果连这种低级错误都会犯，怎么会有门槛能够来做这个事情？

盛正家：那我不清楚。

在这段对话当中，记者是带着质疑的态度去采访开发商的。质疑性的发问与求证性的发问不同的是，质疑性发问带有一定的态度倾向。事实上，在上海的建筑行业中，不能在建筑施工地堆土是公认的准则，这个楼盘犯如此低级的错误，难免让人产生质疑。开发商在面对记者直击要害的提问时难免心虚、不知所措，于是干脆将计就计，硬撑到底。

二、作为异故事叙事者的冲突

记者型主持人作为异故事叙事者不断穿梭在故事中，不是故事的构成元素，只是故事的讲述者。在故事中见证着主体与反主体之间的矛盾冲突，甚至有时也会带着一方的观点去求证另一方。因此，记者型主持人既是冲突的见证者，也是叙事主线中冲突的建构者。

《透视运城渗灌工程》中有一段是记者在芮城县学张乡实地调研渗灌池的配套与使用情况时的冲突。首先，记者采访学张乡乡长，通过他了解当地渗灌池的基本情况。

记　者：您这学张乡一共有多少渗灌呢？

乡　长：学张乡有三四十个吧。

记　者：全部配套了吗？

乡　长：基本上90%配套了。

记　者：用过了没有？

乡　长：用过了，当时参观的时候，全部看过了。

通过记者采访学张乡乡长，我们得知这里的渗灌池全部都是正常使用过的，并且配套到位。为了了解全乡渗灌池的实际使用情况，记者带着乡长一同去学张乡实地走访，来到一处渗灌池旁，记者问乡长这个池子用过没有，乡长回答用过。此时刚好遇见一位刚从田地里头走出来的村民，记者立马上去询问。

记　者：这个地里有没有埋管子啊？

村　民：没有埋管子。

记　者：那个池子用过没有？

村　民：没有。

记　者：从来没有用过？

村　民：没有用过。

乡　长（对记者说）：她一个老太婆，又不整天在地里，她怎么能知道。

村　民（反驳）：我老在地里。

乡　长（火药味十足）：你一个一个落实好，你要是这样非落实好不行，谁胡说了，我马上收拾他。

记　者（再次证实）：你肯定这个渗灌池绝对没有用过吗？

村　民（态度十分肯定）：没有，绝对没有。

记　者：没有放过水进去？

村　民：没有。

乡　长：谁胡说了，我马上收拾他。你哪能这样跟我搞，咱们实事求是，你要实事求是，你要再这样讲，你随便上哪去就上哪去。（生气地甩手离开）

从这里可以看出，记者通过调查走访制造出一个冲突：作为政府干部的乡长表示本乡的渗灌池全部使用过，而学张乡的村民却否认渗灌池的使用情况。在这里，乡长是新闻事件中的主体，而村民是新闻事件中的反主体，二者之间因为渗灌池的使用情况产生了冲突。在这条叙事主线上，记者是双方冲突的制造者和见证者。

在《深圳外贸骗局揭秘》这期节目中，有一段冲突记录的是记者带着受害者小盛一同来到涉假的外贸公司寻找线索。这段调查是用暗访的形式拍摄的，无形之中已经向大家表明这里存在正义与黑暗的二元对立。就在暗访进行中，突然来了一群不速之客对记者和受害者小盛盘问起来。

不速之客：你什么意思啊？
受害者小盛：没什么意思。
不速之客：有什么事谈嘛，干吗叫这些人过来？什么损失不好跟他们谈吗？叫这帮人来，公司怎么做生意啊？公司的损失你们包赔啊？

在这个过程中，受害者小盛是新闻事件的主体，勇于揭穿外贸公司的欺骗行为；外贸公司的不速之客是新闻事件的反主体，袒护外贸公司的作假骗局，极力掩盖真相；记者在新闻事件中以侦察员的身份对事件进行调查。主体与反主体之间就问题该如何解决，骗局该如何善后进行反反复复的较量，较量之中产生冲突。

第四节　悬念策略——营造“戏剧”氛围

时任中央电视台新闻评论部副主任的梁建增将《新闻调查》如何进行事件性调查总结为“主题事件化，事件故事化，故事人物化”。其中，“事件故事化”的具体表现是“用多种富有艺术表现力的表达方式，以说故事的方式引出事件、解释事件，叙述有起伏和悬念”[①]。《新闻调

① 张洁，吴征．调查《新闻调查》[M]．北京：文化艺术出版社，2006：22.

查》采用的是电视调查文体,这种文体的特点是记者型主持人是调查行为的实施者,是节目中的重要组成部分并贯穿于节目始终。《新闻调查》前制片人张洁认为记者型主持人的调查路径应该是:记者的调查围绕着悬念展开,每一次调查行为都是通过悬念的提出、悬念的求证、悬念的解决来完成的。悬念的开始即调查的开始,悬念的结束即调查的结束。由此可见,记者型主持人作为讲故事的人,为节目叙事发挥着极大的作用,制造悬念是其叙事手段之一。

叙事学研究发现,悬念的叙事手法最早是在文学领域展开的。从那时起,研究者就意识到悬念是造成叙事戏剧化、吸引受众眼球的重要叙事策略。到底什么是悬念?《现代汉语词典》中对于“悬念”的解释是:欣赏戏剧、影视剧或其他文艺作品时,观众、读者对故事情节发展和人物命运很想知道又无从推知的关切和期待心理。导演和作家为表现作品中的矛盾冲突,加强感染力,常用各种手法引起观众、读者的悬念。换句话说,悬念就是“卖关子”。通过情节设置将结果隐于最后,激发受众深入探究的兴趣。叙事学引入新闻研究领域后,媒体人经过多年的探索意识到没有悬念的新闻平淡无奇。悬念的叙事手法使得新闻叙事故事化,能增强其吸引力和感召力,优化传播效果。不过,新闻叙事中的悬念设置不同于文学叙事中的悬念设置。新闻的真实性原则要求杜绝使用文学叙事中常见的虚构手法。新闻叙事的悬念设置一般是打乱新闻的时间、空间顺序,在叙述者的引导下,将其精心呈现出来。同时,延宕叙事也是设置悬念的一个重要方式。它是指在叙事过程中,矛盾双方的疑虑、冲突迟迟得不到解决,人物关系错综复杂,事件真相曲折离奇。在这样的背景下,受众始终处于一种一知半解却又兴致满满的状态，自然而然地跟随叙事进程的发展，等待谜底的揭开。

一、叙事者隐于故事始终的悬念

如果在叙事进程中，叙事者和受众一样都处于求知的状态，双方对事件都不知情，那么悬念是自然形成的。这种悬念不论对于叙事者还是受众而言，都具有吸引力。叙事者会始终带着疑问去追寻真相，受众会跟随叙事者探索的步伐逐渐深入。《新闻调查》讲求的就是节目中的记者型主持人对事件真相并不知晓，要靠记者型主持人层层剥笋的调查求证，解决一个个悬念，最终将调查结果呈现在受众眼前。比如《祥康的秘密》这期节目，首先展示了祥康的几样产品以及普通百姓对这个产品的印象，从人们对这个产品神乎其神的描述到养生节目主持人的重点推介，让受众更加关心这个备受关注的产品到底是所谓的真实有效的养生佳品还是广告吹嘘。节目最大的悬念就是祥康产品定性的问题，而节目中的记者型主持人也仅仅是通过不断接到的受众反馈，顺藤摸瓜去寻找事件真相的。可以说，他是将事件的结果作为设置悬念的着眼点展开调查走访的，这个悬念作为主线推动着叙事进程。

此外，将事件原因设置成悬念也是《新闻调查》中记者型主持人常用的叙事策略。记者型主持人带领受众一同去追寻事件发生的原因，对事件背后鲜为人知的内幕进行揭秘，让受众内心充满好奇。《温江村的噩梦》这期节目首先向我们讲述了一群年轻人疯狂抢劫，银铛入狱的事情，然后进一步讲述他们都来自广西上林——一个只有 3,000

多人的小山村，而这个小山村因抢劫被抓的年轻人就超过百人。叙述到这里，不禁让人产生疑问：这里究竟怎么了？是什么原因让外出打工的年轻人变成了抢劫犯？记者型主持人为探寻事件原因，带领受众一起进行调查走访。在这期节目中，正是原因的悬念推动着叙事进程。

二、叙事者显于串联词中的悬念

《新闻调查》的记者型主持人对于悬念的设置还表现在其串联词中。串联词是将一次节目中的各个组成部分串联为有机整体的语言文字。它体现节目主旨，提示内容要点，升华稿件主题，激发受众联想，是引导收听收视节目的重要编辑手段。[①] 例如，在《上海楼倒事件》中，记者就是这么开场的：

> 你也许见过一栋楼爆破的过程，也许见过一栋楼在灾难中塌下来的样子，但是你可能从来没有见过它会以这样离奇的方式倒下。从大楼的底部来看，这些原本应该深埋在地下的桩基，现在从三四米处深的地方断掉了，然后这座38米高，至少一万吨重的13层楼，就像是被一种巨大的力量突然之间连根拔起，之后又非常完整地搁在了地上，以至于很多玻璃窗都没有破碎。和它周围这10栋一模一样、看上去安然无恙的楼相比，这个画面离奇得近乎荒诞。

① 赵五明，王福顺．广播电视辞典[M]．北京：中国传媒大学出版社，2007：253.

这一段开场串联词是记者深入调查现场，站在这栋整体倒塌的楼房旁边说的，强烈的现场感配上生活化的语言，让本就令人觉得离奇的事件变得更加神乎其神。记者描述了这栋楼倒下之后的细节，将重点放在了这栋楼房倒下和一般楼房倒下的不同上。潜移默化之间，不用疑问句、不用任何语气上的渲染，成功地将这一期节目的悬念和盘托出，令人充满疑惑。

再如，记者在《深圳外贸骗局揭秘》中采取这样的话语策略设置开场悬念：

> 本期《新闻调查》要向您揭开一个骗局，我只需要用几个简单的词就可以说明它。一个正常的外贸业务的流程，比如说有一家外商要在中国生产一批服装，它需要跟国内的一家外贸公司签订订购合同，但是外贸公司本身并没有生产的能力，所以它需要把订单委托给有生产能力的企业，骗局就出现了。这家外贸公司是假的，它跟外商签订的合同是假的，它承诺给生产企业的预付款也是假的，它会在用各种手段收取企业的各种现金费用之后消失。听起来并不复杂，但是我们在深圳了解到的情况是，这种诈骗的数量和金额却是非常惊人的。它们是怎么做到的？我们在深圳找到一个从事诈骗行当很多年的知情人来向我们揭开内幕，它们为什么能做到？我们全程拍摄了一家企业受骗的过程。那么这一类的诈骗会受到惩处吗？事实是，我们在向司法机关举报后，事情到今天仍然没有结果。

演播室中，记者像往常一样采用朴实、自然、平和的语气开场，而这次开场与以往有所不同的是直接告诉受众今天要调查的新闻事件的性质，并借助几个关键词将骗局产生的流程交代清楚，强调外贸公司的作案流程并不复杂，敛财数额却十分惊人。但是，原本在这就能为节目设下悬念的记者并没有马上导入节目，而是采取自问自答的方式将调查主线呈现出来，最令人意想不到的是记者告诉大家这起事件至今都没有结果，这让人觉得看似平静的背后另有蹊跷。至此，悬念自然地产生出来了。记者在这段串联词中埋下的悬念实际上有种欲擒故纵的感觉，吊足了受众的胃口，增强了事件的吸引力。

此外，这位记者在另一档节目《网瘾之戒》中的开场则采取了这种悬念设置方式：

> 不管上网成瘾有多严重，多么反抗父母意志的孩子，只要被送进一间治疗室，出来的时候会立刻向父母道歉认错。这个模式三年来，在山东的一家网戒中心从来没有失败过。这在之前很多的媒体报道中被称为奇迹，并且吸引了全国各地大量的家长送孩子前来就诊。但是就在不久前，一些在网络上自称已经出院的孩子留言说，他们在这当中接受的治疗其实只是电击，并且他们把这家网戒中心称为“集中营”。那么，哪一种说法是真实的？奇迹究竟是怎么发生的？这种治疗方法是否真的科学、人道、有效？我们前往山东调查此事。

在这一段话中，记者在描述这家网戒中心的成效时采取了一种偏激的表述方式。“不管”“多么”“只要”“立刻”“从来”，这些词语在一定程度上为记者这段话的表述增加了分量。和以往介绍新事物时保持中立、客观的态度相比，记者这样的表述让人感到肯定，甚至让人觉得神奇。随后，记者又引入另一方的观点，两方观点汇集，不禁引起人们的好奇：究竟谁对谁错。尤其是记者在结尾连用了三个疑问句，这种方式令事件变得更加曲折离奇。

无独有偶，《新闻调查》的另一位记者在《医疗可以免费吗》这期节目中，也采取这样的方式为节目开场设置悬念：

> 一年前，一个籍籍无名的神木县搞起了全民免费医疗，这让很多人感到不可思议。医疗问题是一道世界性的难题，即便是在发达的美国，医疗改革的问题也困扰着奥巴马政府。在中国，有关医改的话题更是每年都牵动人心，新医改方案就争论了很多年，专家学者为之争执不休。为什么处于偏远地区的神木县却突然“平地起高楼”，搞起了全民免费医疗？一年来，和很多医改话题一样，神木全民免费医疗同样引起了全社会的关注和讨论，外界最感兴趣的问题是神木的全民免费医疗是真的吗？神木是不是太有钱了？神木模式得花多少钱？会不会让财政难以为继？技术性的问题是如何解决的？更重要的是，神木模式能不能被更多的地方借鉴，甚至成为神州模式？这些问题公众在关心、学者在关心、很多部门也在关心。一年的实践，神木注定已经成为研究中国医改一个绕不过去的样本。

第五节 调度策略——把控故事情节

情节是叙事作品中一个不可缺少的组成部分。它不同于故事，故事是按照时间顺序来叙述事件的，而情节强调的是时间顺序和因果关系的组合。可以说，情节是将故事聚合在一起的手段。情节要素之间的逻辑组合决定了整个故事的发展走向，它是一个动态的概念，由一系列展示人物性格，表现人物与人物、人物与环境之间相互关系的具体事件构成。《新闻调查》在叙述新闻事件的过程中，对叙事情节进行编排组合的人是栏目的叙事者——记者型主持人。记者型主持人对新闻事件进行调查走访的过程并不是一帆风顺的，事件是通过记者型主持人的层层剥笋的调查之后才呈现出本来的面貌，这也就意味着事件是多重因素交织在一起的结果。面对这么多线索，这么多与事件相关的人物，究竟哪些是真实的线索，哪些人是重点采访对象，如何将这些与事件相关的人和事有序地组织起来，全都依赖于作为叙事者的记者型主持人。他对信息的解读和诠释构成了节目整体叙事的主线，这种建构叙事主线的能力主要体现在记者型主持人对人物和镜头的调度上。

一、对人物调度建构叙事主线

记者型主持人对人物的调度主要体现在对采访对象的筛选以及通过采访对象可以获得什么样的信息上。记者型主持人在调查过程中，一直在为揭示事件真相而不断努力，而真相是通过一条条有价值的线索逐渐揭开的，要获得线索就要采访与事件有直接关系的人物。在获取线索的过程中，记者型主持人要想办法让受访者说出有价值的信息。《新闻调查》一位记者谈到采访能力时说："不要在乎谈了多少，如果你要的东西没有得到，那么你可以再问一遍，还不说，就再问一遍。你要的是什么呢？我甚至就要一句话，你到底是知道还是不知道？"[①]可以说，记者型主持人为获得事情真相所进行的采访是带有一定目的性的。

《新闻调查》有一期节目《松花江：休养生息》讲述的是因多次环境污染事件受到重创的松花江在多年以后得到治理的故事。记者沿着松花江进行调查走访，一方面向受众全方位地展示松花江流域沿线百姓生产生活的场景和现状，影射出这条东北人民的母亲河对沿线百姓的重要性；另一方面，记者也用最直观的方式展示了相关部门在治理松花江上采取的措施。吉林市位于松花江上游，是一座国家重点工业城市。新中国成立以来，大批工业企业落户在这里，这些大型工业企业在为吉林市带来经济效益的同时，也让这座城市在环境保护上饱受诟病。记者在吉林市的调查走访分为两个部分：第一部分体现了人们如何产生治理松花江的意识。为表现主题，记者先后采访了吉林市环境科学院研究员、松花江游泳市民、吉林省环保厅厅长，分别从科研人员、市民百姓、政府官员的视角来呈现主题。而这三位不同身份的采访对象分别代表三个不同的领域，他们与事件有着紧密联系。第二部

① 赵华．央视《新闻调查》幕后解密[M]．北京：中国广播电视出版社，2008：200.

分体现了吉林市治理松花江的举措以及松花江的现状。记者首先采访了国家环保部副部长，通过他的采访提出“休养生息”这项国家政策，然后来到吉林市报道政策的落实情况。在吉林省环境中心站分析测试中心主任抽取松花江水质检测，从外围整体看水质正常后，记者来到人们普遍关注的两家大型重工业企业——吉林石化和晨鸣纸业。通过采访这两家企业环保工作负责人得知，两家企业都有相应的环保措施。紧接着，记者采访了摄影爱好者、护鸟志愿者，从他们的视角来看环境改善后生态环境的改变。此外，城市发展与环境保护两者之间是如何平衡的，记者先后采访了吉林市市长、吉林省环保厅监督管理处处长、吉林省省长。从采访中，人们看到了他们对保护松花江的决心。不难看出，在呈现主题的过程中，记者充分调动了主观能动性，选择了与反映事实直接相关的采访对象，为呈现主题起到了事半功倍的效果。

为了更加细致地展现记者型主持人对人物调度的叙事策略，我们选取节目《网瘾之戒》中的一段对话，分析记者是如何开展调查的。为了清晰地展现叙事主线，记者从网戒中心主任、治疗手法的实施者杨永信入手，质疑他的电击使用量，试图找到破绽。

记　者：比如说，为什么不是10毫安或是30毫安、50毫安？到10毫安的时候人体是什么感觉？（暗下圈套）

杨永信：应该说感觉是相同的，只不过在强烈的程度上更大一些而已。

记　者：用过20毫安的量。（诱导）

杨永信：没有，没有！这个是绝对不会的。

……

记　者：你确定从来没有用过吗？

杨永信：确定，非常确定，我非常自信。因为我这个人从业的经历非常谨慎，你作为一个医生来讲一定要注重自身的保护。（记者得到一个肯定的答复）

带着疑问，记者采访了一位曾经接受过治疗并已经治愈出院的年轻人小坤，试图从他的口中来验证杨永信的说法。

记　者：杨医生对外界说他通常（使用）的电量，都是1到5毫安，最高不会超过5毫安。（陈述）

小　坤：5毫安？5毫安也有用过，对自己勇于承担的这些事情点两下算完。5毫安几乎没有感觉，不可能是5毫安，我亲眼见都是10到20（毫安）之间，30、40（毫安）我都见过。（得到和杨永信说法不一致的答案）

记　者：最高你见过多少？（继续追问）

小　坤：40毫安（得到不同于杨永信的答案）

记　者：你现在要重新回忆一下，你的这些数字准确吗？（再次确认）

小　坤：准确，天天看。（肯定的答复）

得到一个和杨永信不同的答案，让调查充满了疑惑。为了得到更准确的答案，记者采访了正在接受治疗的年轻人。

记　者：也就是说你们在场，实际上都能看到别人治疗的过程，是这样吗？（确认他们是否在现场看过治疗过程）

受访者：对。

记　者：你们看到的最高电量是多少？（询问）

受访者：5毫安吧！

……

记　者：你确定？

受访者：对。（肯定答案）

正在接受治疗的年轻人的说法和杨永信的说法一致，为了避免正在接受治疗的年轻人因害怕说了与杨永信不同的答案而遭受惩罚，从而导致样本证词被污染，记者再次与曾经接受过治疗的年轻人了解情况。

解　说：我们在互联网上与曾经在临沂网戒中心接受过治疗的孩子聊天，他们的描述是做头一般不超过20（毫安），但最高到了40（毫安）。

这些已经接受过治疗并已出院的孩子给出的答案与第一位受访者小坤的答案一致，让人不免生疑。于是记者再次采访了杨永信。

记　者：不超过5毫安吗？（再问一次）

杨永信：我作为一个医生来讲，就是用最小的剂量达到最好的效果（此时换了一种说法）

记　者：5毫安的时候人体是什么感受？（追问）

杨永信：不管是什么感觉，反正是给你带来不舒服的体验。（马虎策略）

杨永信马虎的回答不免让人们的疑问更加强烈:使用量究竟是多少?为了得到准确的答案,记者在百度贴吧中通过网络调查的方式试图从基数上获得更有说服力的答案。

解　说:在杨永信的百度贴吧里,被引用次数最多的用于证明网戒中心使用超过5毫安电量的证据就是这种画面,电量指示是10毫安。(直接戳破杨永信的答案)

从这一段调查可以看到,记者为了将电击使用量的情况弄清楚,先后对杨永信、小坤、正在治疗的年轻人、已经治愈离开的年轻人、贴吧网友等众多人物进行了调度,从而才将谜底揭开。整个过程都是为节目叙事服务的。

二、对镜头调度展现故事细节

记者型主持人在调查过程中有时为了展现、描述细节,会对镜头进行调度,用更加直观的表现方式反映主题。与其说是记者型主持人对镜头的调度,不如说是记者型主持人与摄像师之间的默契配合。通过电视画面的呈现,我们能感受到记者型主持人有意识地运用有声语言或副语言引导镜头配合事件调查。

《透视运城渗灌工程》这期节目是《新闻调查》在栏目探索期做过的唯一一期内幕调查性报道。节目不是简单地依靠采访来获得相关信息,而是大量记录了记者的调查行为和过程。在这期节目中,让人印象深刻的是记者在调查过程中凸显了调查现场,而这样的调查方式十分讲究记者和镜头的配合。例如,在走访渗灌池的时候,记者发现这些池中并没有水，甚至很多村民反映这些渗灌池在建造时就偷工减料。为了更直观、清晰地证实村民们的话，记者双手支撑跃入渗灌池，用锤子砸开池底，发现这里只是铺了薄薄的一层水泥，而且还没有水管。在渗灌池旁边，记者看到生锈的管子，直接上去拨动，却发现它根本就是个摆设，水管底端还塞着木头，木头上长满了蘑菇。由于镜头实时记录下了记者的调查过程，因此这些调查是随着记者的探索发现而逐步深入的，并没有安排的成分。这样的调查手法在更加直观、真实地呈现细节的同时，也从另一个角度直接戳破了地方官员的谎言。这位记者后来在接受采访谈到这一段调查时说道："没有提前想好，包括我跳进那个池子里。我觉得这要归功于评论部有比较宝贵的经验，就是用电视化的手段，让观众明明白白地看到这个过程。"①

此外，《新闻调查》的一位记者型主持人在《铬渣的警告》中有一段这样的开场：

> 这个就是铬渣，它看起来跟普通的渣土没两样，但实际上，它是一种非常危险的工业废物。铬渣里面含有一种剧毒的物质叫六价铬，六价铬这种东西极易溶于水。你看前面的这个小水塘，刚刚下过雨，铬渣里面的六价铬遇水之后呈现出来的就是这样一个颜色。铬渣堆如果是露天堆放的话，它没有任何防护。如果风吹雨淋，那就会对地表水、地下水，还有土壤带来很大的污染。另外，六价铬也极易被人体吸收，如果长期接触的话，就有可能导致各种疾病，甚至增加得癌

① 赵华. 央视《新闻调查》幕后解密[M]. 北京：中国广播电视出版社，2008：186.

> 的风险。我刚才拿的这把铬渣呢，就是取自我身后这个巨大的铬渣堆。它就是现在人们非常关注的陆良化工 14 万吨历史遗留的铬渣，现在已经用石棉瓦对它进行了防护。我站在这儿有一个感觉，用“堆”这个字不足以表示这个地方有多大，实际上用“小山”来形容更贴切一些。“小山”的旁边就是南盘江，南盘江边 14 万吨的铬渣，它到底会带来多大的环境风险？对于周边居民的健康到底会不会产生影响？另外，在全国的范围内还有多少类似的问题亟待解决？这一系列的疑问，由于铬渣非法倾倒事件而进入到公众的视野，而最初对这件事情发出警示的竟然是一群羊。

记者在开篇就充分调动镜头为节目叙事服务，记者的表达清晰地将所在场景的细节以及危险物质的潜在危害交代清楚。首先，一个运动镜头跟随记者记录下她蹲在危险物质旁边，手取危险物质的细节，让受众直观地看到危险物质的形态、颜色。然后，记者引导镜头，“你看前面的这个小水塘”。在记者的指引下，镜头记录下水塘中水质的颜色，透过记者的语言，受众得知水的颜色和危险物质之间存在某种关联。更换景别之后，记者再次驾驭镜头，通过她的指引，镜头中清晰地展现出危险物质的容量之大以及它与南盘江之间的距离。这里方位感的展示十分恰当，暗示人们这么巨大的危险物质可能对南盘江带来的灭顶之灾。

《疯狂高利贷》这期节目讲述的是在内蒙古一个叫翁牛特旗的小村庄从 2008 年开始，不断有村民放弃世代耕耘的土地远走他乡，而他们离开的原因竟然是为了躲避高利贷。为了探究事件背后的原委，记者来到翁牛特旗，从一户户空荡无人的房屋田舍开始调查。

记　者：跨过这个铁丝栅栏呢，就能够感觉到这户人家显然是已经好久没有人居住了。看看这个门，打开这个门进去，屋里是个什么状况？院里的草已经很深了，显然好久没有打扫，“铁将军”把门，里面没有人住了。

在这一段描述中，记者是采用边走边说的方式驾驭镜头记录现场情况的。这种记录方式非常直观地表现了村庄人烟稀少的状况。记者代入式的讲解给受众强烈的现场感，整个长镜头的运用为现场的写实起到推波助澜的作用，让受众因为细节而对事件留下深刻的印象。

可以看出，记者通过驾驭镜头来展现细节，为新闻事件增添真实感和现场感的叙事手法在《新闻调查》中比较常见。再如，在《脏油之链》节目中，记者来到地沟油加工厂进行走访，现场揭秘地沟油的生产链和生产用具，直观地展现了整个新闻事件，有很强的视觉感。在《漫长的较量》节目中，记者在山间调查水土治理的情况时，通过蹲下拾起土壤观察的方式感受治理成效，等等。

第三章

《新闻调查》中记者型主持人叙事策略对受众传播的优势与不足

《新闻调查》自 1996 年开播至今，已走过了二十年的历程。从早期借鉴美国的《60 分钟》，到做符合中国国情的电视调查性报道节目，《新闻调查》已经具备了一套完整的叙事手法，成为中国调查性报道的标杆之作。其中，记者型主持人是整个节目的灵魂，是整个调查过程的实施者和执行者。记者型主持人所使用的叙事策略在节目整体叙事进程中所起到的效果毋庸置疑，然而，从受众的角度来说却是喜忧参半。喜的是信息爆炸时代，受众主体意识高涨，看清眼前的、关注背后的收视心理使得他们对于真相的渴求愈加强烈，他们需要一个专业、权威的信息传播者替其对信息作出筛选，而这些需求对于记者型主持人来说是应该具备的职业素养。忧的是记者型主持人在采访、调查的过程中是围绕着自己的思路进行的，关于话语权的平衡以及调查过程的呈现是否客观等问题还需要进一步讨论和观察。当然，不论是喜是忧，记者型主持人如何更加规范自己的叙事行径，从而实现信息传播效果的最大化，是我们需要一直探讨的问题。

第一节 对受众传播的优势

一、迎合受众的收视心理

《新闻调查》诞生于20世纪90年代末，此时的中国电视正处于快速发展期。媒体人意识到，除了要增加符合电视传播规律的自制内容之外，更要重视传播的效果。不少关注电视新闻改革的专家也提出这样的看法："20世纪90年代，中国电视向大众传媒本质回归，最显著的特征之一就是它的平民化。它比任何时候都注重考虑大众的接受心理，尊重大众的审美趣味。"[①]随着主体意识的逐渐高涨，"受众已经越来越多地要求用自己的眼睛去评判屏幕中所展现的一切"[②]。而《新闻调查》就是一档通过展现记者型主持人的调查行为揭示事实真相的节目。当中的记者型主持人是一个独立的个体，他怀着对事件的质疑态度，不断地进行调查走访，获得深入的独家发现，包括新的线索和新的事实。"《新闻调查》的任务就是通过记者的调查揭示真相，挖掘出被一个机构或被一部分人遮掩的事实真相，挖掘内幕。"[③]此外，"探寻事实真相""正在发生的历史，新闻背后的新闻"，这些口号都表明节目在揭露事件真相上不遗余力，这与受众的收视心理不谋而合。另外，相对于平铺直叙的报道，受众更倾向于曲折离奇的故事化的叙事手法。

---

① 孙玉胜. 十年：从改变电视的语态开始[M]. 修订本. 北京：人民文学出版社，2012：43.
② 孙玉胜. 十年：从改变电视的语态开始[M]. 修订本. 北京：人民文学出版社，2012：43.
③ 张洁，吴征. 调查《新闻调查》[M]. 北京：文化艺术出版社，2006：30.

《新闻调查》每期节目45分钟，如何在这么短的时间内把一个新闻事件用故事化的方式讲清楚，值得节目组深思。《新闻调查》开播初期的口号是“三性”，即新闻性、故事性和调查性，节目组在选题的时候会考虑这三个因素，在这个过程中，悬念就自然形成了。这个悬念伴随着记者型主持人的整个调查过程，因此，调查过程中的原因、背景、细节，特别是人的体验、感悟和心态都是牵动受众的关键所在。

二、引导受众理解新闻事件

“当一个新闻事件受到关注成为热点的时候，往往正是观众最需要新闻舆论的分析、解释和引导来满足自己的新闻欲，同时也建立自己的判断标准的时候。”[①]新媒体时代，信息传播的渠道越来越多，新闻报道手法不断丰富，各种信息充斥着人们的生活。在众多的新闻报道当中，如何筛选有价值的信息对于受众来说是件看似轻松实则不易的事情。一方面，由于新媒体的开放性，集信息的消费者和发布者于一身的受众，短时间内难以辨别消息的真伪；另一方面，在快节奏的现代社会，受众对于信息的接收行为是碎片化的，这就有可能对事件的全貌一知半解，容易产生以偏概全的现象，从而引发新的舆论，这也是导致新媒体时代舆情更为复杂的原因之一。因此，基于传统媒体诞生的《新闻调查》在新闻深度、新闻权威性上有着新媒体无可比拟的优势，当中的记者型主持人在梳理新闻事件的前因后果、揭示新闻事件真相的过程中，既是消息的获取者，也是消息的传播者。受众随着记者型

① 张洁，吴征. 调查《新闻调查》[M]. 北京：文化艺术出版社，2006：30.

主持人的调查逐渐接近事件真相，其实就是节目引导受众理解新闻事件的过程。2013年3月10日，一则黄浦江上漂浮着大量死猪的新闻短时间内引起了各方关注，《新闻调查》栏目组带着疑问做了一期《黄浦江死猪事件调查》。通过记者的调查走访，受众消除了死猪死于瘟疫的恐慌，并得知小猪死亡率本身就高，尤其是出生二十天左右的小猪死亡率更高。记者知道了猪的死亡原因，但并不知道为什么会漂浮这么多死猪。随后记者通过保洁人员了解到，尽管嘉兴市建立了大量的无害化处理池，但逐年增长的养殖规模已经超出了嘉兴市的环境承载量。当人们认为问题出在基础设施建设的滞后上，记者又展开了更深入的调查，了解到《食品安全法》出台之前，很多养殖户都把死猪卖给专门的回收人员。随着《食品安全法》的出台，做这个买卖的人少了，人们就开始随意丢弃死猪。在这期节目中，记者和受众是同步的，也是随着调查的不断深入，直到最后一刻才了解事实的真相。可以说，记者型主持人伴随并引导受众对这则新闻事件进行了解读。

三、多元视角反映新闻主题

新闻的呈现绝对不是仅仅靠一面之词就能够将其定性并诠释出其背后隐含的新闻价值的，为了平衡指控方和受指控方的话语分配，让受众对新闻主题、内涵、价值有准确的判断，在调查性报道中，记者型主持人通常会采用多种手法来呈现新闻主题。在《新闻调查》中，记者型主持人层层递进的叙事手法、多个侧面之下的背景诠释对于新闻主题的表达以及新闻价值的升华起到了推波助澜的作用。2013年7月6日，《新闻调查》播出了一期节目——《微笑的告别》。节目主旨是呼吁人们在实现经济发展的同时还要注重维护生态平衡，政府有关部门要加强生态文明建设并落实到位。节目以世界极危物种——鲸类动物江豚令人担忧的生存环境为主体展开叙述，从四个叙述框架层层递进：介绍江豚、江豚的生存环境令人担忧、对江豚生存环境造成威胁的原因、如何对江豚的生存环境进行抢救性保护。在介绍江豚的过程中，记者既从自己的角度描述了第一次见到江豚的印象，还通过走访百姓来了解普通人对这一生物的认知状况。在反映江豚生存环境令人担忧时，记者首先引出的是长江中江豚大规模死亡的信息，引起人们对江豚生存环境的重视。然后来到江豚科研基地，通过研究员了解到人们对江豚的繁殖技术、生活习性还知之甚少，江豚的人工培育工作任重道远。在叙述对江豚的生存环境造成威胁的原因时，记者首先从儿童视角、科研人员视角来描述人们的认知。然后，记者去往各个对江豚生存环境造成威胁的地点搜集证据。在反映如何对江豚的生存环境进行抢救性保护时，记者首先采访了中科院的研究人员，从科研人员的角度提出建设性的意见，然后谈到民间保护组织为之付出的努力，还借助一位曾经是渔民，现在从事民间保护活动的巡护员来谈身份转变之后的感受，引发人们的思考。最后从民间保护组织的角度谈保护的困难，并表示尽管国家颁布了政策，但对能否具体落实感到忧虑。由此可以看出，节目叙事框架的层层递进毫无疑问是为诠释新闻主题服务的，而具体框架之下的叙事手法是从多个视角来阐述并呈现的。

第二节 对受众传播的劣势

一、受众易成为“单向度的人”

法兰克福学派哲学家赫伯特·马尔库塞在其著作《单向度的人》中认为，发达工业社会磨灭了受众在思想上的批判性、否定性、超越性，使得民意无处表达，社会成为极权化的单向社会，生活在其中的人可能成为单向度的人。在20世纪80年代之后，电视逐步取代广播成为社会的主要传播媒介，而我们不难发现，“单向度的媒介”更易催生“单向度的人”。如电视媒介的单向传播和全面的视听覆盖，使得受众无法直接与画面人物“对话”和互动，思维方式和价值观念逐渐被电视所“麻醉”，并植入自身的潜意识中，变为“单向度的人”。[①]《新闻调查》是以记录记者调查行为为主的电视调查性报道节目，记者型主持人是节目的核心人物，其调查行为贯穿于节目始终。也就是说，节目中展现的每一个环节都是由记者型主持人带着受众去发现的，这就不禁让我们产生疑问：这种叙事手法是否会使受众过分地依赖记者型主持人的调查，从而失去自己独立思考问题的能力和逻辑判断的能力，成为“单向度的人”？

---

① 李静修.全媒体视野下的受众审美心理研究[D].吉林大学，2013.

二、记者型主持人过分个性化

传播行为的个性化是媒体在竞争激烈的背景下实现差异化传播的策略之一，同时也是主持人节目的特色之一。“主持人以朋友的身份、与大众平等的关系、个性化的视角和个性化的叙述方式进行传播，使传播具有人情味和吸引力。”①不过，尽管主持人较播音员来说，在话语空间上有较大的创作空间，但个性化只是传播的手段，而非传播目的，主持人不能只展示“小我”，否则，受众所看到的新闻不仅离真相越来越远，而且也会令新闻节目的权威性大打折扣，使节目沦为主持人的个人秀场。记者型主持人相较于传统的主持人来说，兼备记者和主持人的双重角色于一身，在镜头前要用个性化的视角、个性化的语言和个性化的思维方式诠释整个事件的前因后果。在这个过程当中，记者型主持人出声露面的机会比一般主持人更多。因此，记者型主持人对个人风格特色的尺度拿捏十分重要，切忌锋芒盖过本应呈现的事实，或在固执的采访对象面前失去控制，等等。

《新闻调查》原制片人在回忆《眼球丢失的背后》这期节目时，谈到当时的调查记者由于连日的调查走访存在疑问过多，在面对受访者时将编导既定的求证式调查变成了质疑式调查。在采访过程中，记者将编导提出的问题连续追问了 3 次，问完之后就让受访者对记者的采访动机产生了怀疑和担忧。“本来准备了 20 来个问题，他问出了 88 个，其尖锐、阴狠，不亚于司法询问”。② 由此可见，记者型主持人在调查过

① 吴郁. 当代广播电视播音主持[M]. 上海：复旦大学出版社，2005：80.

② 夏骏，王坚平. 目击历史：《新闻调查》幕后的故事[M]. 北京：文化艺术出版社，1999：16.

程中表现出的个人风格不应超出节目允许的范畴。

三、新闻事件主观化嫌疑

从新闻的定义中我们得知，新闻是新近发生的事实的报道。“新近”，讲求的是新闻的时效性；“事实”，说明新闻是真实存在的事件；“而客观报道，则要求按照客观实际，对人民群众改造自然、改造社会的实践活动进行报道”。[①]《新闻调查》的记者型主持人是调查性报道中不可缺少的重要组成部分，贯穿于调查始终的记者型主持人对事件的态度必须代表社会主流价值倾向，而非个人主观臆断，这样才能使整个调查过程公正、公平，调查结论才能有说服力。柴静是随着《新闻调查》成长起来的记者型主持人，2013 年离开《新闻调查》后，2015 年推出了自己独立制作的调查报道《穹顶之下》。有不少人质疑柴静在这个调查性报道的开场融入了过多的个人主观色彩：

> 在西安那天晚上就咳得睡不着觉，我就切了一只柠檬放在枕头边上。回到北京之后，我知道我怀孕了。这是我第一次见到她的样子，那时候我就觉得她应该是个小女孩，因为我觉得那像个童花头，听到她的心跳的那一瞬间，我觉得对她没有任何别的期望了，健康就好。但是，她被诊断为（患有）良性肿瘤，在出生之后就要接受手术。做麻醉之前，医生对我说，她这么小的年纪做全身麻醉，是有可能醒不过来的，你要有个心理上的准备，我还没有来得及抱她一下，她就被

① 张颂．中国播音学[M]．北京：中国传媒大学出版社，2011：28.

抱走了。后来护士在我手里放了这只小熊，那是用来安慰小孩的，她用来安慰我。我再见到我女儿的时候，她还在昏迷，医生对我说，手术很成功，但有一件事情你要原谅我，他说她太胖了，所以刚才麻醉的时候我们扎了很多针眼才找到静脉。我就拿着那个满是针眼的小手，放在我脸上，叫她的名字，直到她睁开眼睛看了我一眼。我是一个非常幸运的人，后来我辞职，陪伴她，照顾她，只要一家人在一起平安就好，健康就好。但是，回家的路上，我就已经开始感到害怕了，全是烟熏火燎的味儿。我拿一块手绢捂在她鼻子上，这样做很蠢，因为她会挣扎，就会呼吸得更多。以前我从来没有对污染感到过害怕，去哪儿我都没戴过口罩，现在有个生命抱在你怀里，她呼吸，她吃，她喝，都要由你来负责，你才会感到害怕。

在调查报道的开始，柴静以自己女儿作为受害者切入话题，在一定程度上给人感觉这是一次有预知结果的调查，调查内容难免带有个人主观色彩，甚至有受众认为接下来她所有的调查手段和调查内容都是为她事先判定的结论而服务的。

第三节　记者型主持人叙事策略的改进

一、建立科学、系统的理论指导

《新闻调查》的开播意味着中央电视台开始了记者型主持人的试

水，而如今，记者型主持人的发展早已成为各大电视台的常规配置，并走向了深度化发展。随着记者型主持人在行业内所发挥的作用越来越大，建立一套科学、系统的记者型主持人培养方案势在必行。特别是近年来突发性事件直播报道、深度报道的增多，为记者型主持人提供了更大的发挥空间。新的技术、新的机遇、新的场景对记者型主持人来说都是挑战，然而理论的滞后使记者型主持人在实践中难以做到游刃有余，甚至由于业务标准的不统一，记者型主持人在应对突发状况时常常顾此失彼。因此，必须建立科学、系统的理论指导，从理论的层面来指导实践，从而提高记者型主持人的业务能力和业务素养。

此外，开设播音与主持艺术专业的本科高校应当从专业课学习中对记者型主持人业务有所触及。在播音主持人才队伍的建设培养中提早介入这一领域，有助于拓宽学生的行业视野，并从播音主持学科方向上对记者型主持人的理论研究作出相应延伸。高校和媒体之间要建立无缝对接的伙伴关系，学生早日接触媒体一线进行实践活动，有助于增强其采编播的能力；媒体借助高校的科研资源对记者型主持人的业务能力、素养、经验等方面进行系统性的总结，有助于记者型主持人理论层面的建构，培养出更多能在媒体一线担当重任的记者型主持人。

二、恪守新闻专业主义

“新闻专业主义”起源于 20 世纪初的西方国家，在第一次世界大战之后随着新闻业的发展被人们所熟知。“新闻专业主义是新闻媒介和新闻从业者所追求的一种职业理想和操作理念，是新闻工作者恪守的最主要的新闻职业规范。”①衡量新闻专业主义的指标在浙江大学教授吴飞看来应该有这几个：客观性理念、自由与责任的观念、服务于公众的意识以及自律与他律的原则体系。② 尽管新闻专业主义是在西方特定的社会历史背景下诞生并逐渐发展的，但随着我国新闻业的不断发展，新闻制作技术的多样化、新闻报道手法的丰富化，我国的新闻媒体人也开始认识到树立新闻专业主义自律意识的重要性。因此提出要规范新闻媒体人的职业行为，承担媒体的社会责任。记者型主持人作为新闻媒体从业者，在媒体一线从事创作工作时应当恪守新闻专业主义，尤其是记者型主持人相较于单一的记者和主持人而言是双重身份的结合，在调查性报道中要体现出专业素养，稍有差池都会让受众对新闻的权威性，甚至对新闻行业的神圣感产生质疑。

三、提升职业素养

随着记者型主持人在媒体一线所担当的责任越来越大，受众对其职业标准的要求也在不断提升。特别是随着直播节目的常态化、深度报道节目的增多，记者型主持人作为媒体从业人员应当努力在适应媒体发展的同时不断提升自身的职业素养。职业素养作为记者型主持人综合素养的一部分，直接决定了记者型主持人的工作优劣，意味着记者型主持人在从业过程中能否以出色的语言表达、采访技巧、调查手段、叙事能力完成所肩负的使命。因此，记者型主持人只有努力提升职业素养，才能在媒体工作中游刃有余。

---

① 张凌云. 凤凰卫视记者的国际传播理念与实践研究[M]. 济南：山东人民出版社，2015：14.

② 吴飞. 新闻专业主义研究[M]. 北京：中国人民大学出版社，2009：29.

第四章

记者型主持人在《新闻调查》中的主持艺术

《新闻调查》以展示记者的调查行为为主要新闻报道方式和节目形态。它报道的不是一个事件，而是记者对这个事件调查的过程，“记者既是调查主体，同时也是节目的结构元素。他是调查行为的实施者、调查过程的表现者，所以，调查记者理所当然地成为这个节目的外化标志和品牌形象”。①因此，记者的表现尤为重要。对一个调查节目而言，要想真正做好调查节目，记者的采访必须做到客观、平衡、冷静、质疑，而《新闻调查》对记者的要求就是要有质疑的精神、平衡的意识、平等的视角和平和的心态。这些不仅仅是节目的要求，更是节目的特色。一个好的主持人，他的风格应该与节目的风格相协调，他的自身特点也应该和节目的特点相吻合，这样主持人和节目才能相得益彰，才能得到受众的认可和喜爱。而“主持人对节目构成中种种关系恰如其分的把握，如主持人在节目中的位置和作用、主持人与节目的关系、主持人与嘉宾的关系、主持人与受众的关系，反映着主持艺术内在的根本规律，是决定主持艺术高下优劣的关键因素。从主持艺术的

① 张洁，吴征. 调查《新闻调查》[M]. 北京：文化艺术出版社，2006：34.

创作主体来看，主持人的学识与智慧是主持艺术的内隐部分。主持人的语言（含体态语及服饰、化妆等）是实施主持的显性的核心手段，是主持艺术的外显形式。”[①]下面将围绕主持艺术的内隐部分及外显形式对记者型主持人在《新闻调查》中的主持艺术进行深入的探析。

第一节　主持理念与栏目定位的融合

一直以来，《新闻调查》以“探寻事实真相”的创作理念作为节目的定位，而《新闻调查》的任务就是通过记者的调查揭示真相，挖掘内幕。笔者在采访一位《新闻调查》的记者型主持人时，她曾说过这样的话：“记者不仅是我的职业身份，做新闻也是我生存的一种方式。记者的天职就是调查事实的真相，新闻就是揭示。新闻记者没有权力去做一件事情或者终止一件事情，那是政府的事情，或者说那是民众的事情，新闻记者应该忠实于社会或者生活本身，哪怕是世界上最强大的力量也不能毁灭掉你对生活的忠诚，这种忠诚其实本身就保证了你的严谨、准确，还有平衡。”正是由于记者型主持人对调查节目的主持理念与《新闻调查》的节目定位很好地融合在一起，才使得记者型主持人与节目的关系更加水乳交融，在主持和采访中更加得心应手。

① 吴郁. 当代广播电视播音主持[M]. 上海：复旦大学出版社，2005：74.

一、质疑的精神　永远的好奇心

《新闻调查》有这样一句话：质疑是我们的生存方式。在《新闻调查》的工作手册里，他们对记者提出了这样的要求：要有质疑的精神。《新闻调查》的记者必须要有怀疑一切的介入态度和打破沙锅问到底的工作作风。[①] 而《新闻调查》的记者型主持人说他们对新闻有着与生俱来的好奇心，"欲望"是他们探寻新闻真相的原动力。2003 年，新疆伊犁发生 6.1 级地震，一位记者被派到前线，那一瞬间她觉得自己找到了什么是欲望。"就是当你面前全是未知的时候，你的欲望就到了，没有任何人告诉你，正在发生什么和将要发生什么的时候，你的欲望就到了。这个时候需要你去寻找欲望，你的眼睛、耳朵里听到的全是新闻。你根本不用考虑该怎么去采访，你根本不用去考虑该怎样维护你的发型，你该怎样去化妆，因为你在那种风沙满地的时候根本考虑不了那么多，你无力控制你自己。" [②]

后来的"非典"事件给了这位记者更深的启示。从新疆采访回来的她直接到了"非典"采访的第一线。在做第一期节目的时候，这个采访团队根本不知道发生了什么。当时，北京大学人民医院所有的救护车都在街上，车上全是"非典"病人。这位记者以她特有的新闻敏感，嗅到了这就是新闻，而且她还想到了新闻背后的无数种可能。实际上，她在做那期节目的时候，另一位记者已经采访了北京大学人民医院的院长吕厚山，而吕厚山也对北京大学人民医院的 205 人感染作出

---

① 张洁，吴征. 调查《新闻调查》[M]. 北京：文化艺术出版社，2006：34.

② 根据《新闻调查》记者在中国传媒大学讲座录音整理.

了解释,但是她对吕厚山所说的事情经过提出质疑。他不是当事人,怎么清楚当时发生的真实状况呢?所以这位记者就去找北京大学人民医院急诊科的主任朱继红,当时朱继红说他已经不愿意提这件事情了,因为这件事情对大家来说都是一种伤害。后来这位记者就跟他说“回顾这件事是痛苦也是一种清洗,是对离去的人的一种告慰”。朱继红终于同意并接受采访,然后带着记者去了一个叫“天井”的地方。这位记者说就在那一刻,她深深体会到了什么是真正的是新闻现场,那个现场自从隔离后从来没有人进去过。当他们打开锁推开门进去时,闻到里面满是陈旧的仓库的味道,里面全是零乱的被褥,全是床,黑板写的全是星期四,每个椅子的号码写的都是星期四(当时十九号星期四是所有人转院的日期),还有一块黑板,上面写的全是名字,名字后面写的全是肺炎、肺炎。因为当时为了隐瞒真相,每一个“非典”患者都得写上肺炎。“从那个时候起,你就知道你触摸和呼吸的是历史的空隙,除了你的双眼和摄像机之外没有什么能够记录它,那个时候你可以特别感觉到做这个职业的庄严所在,而且你会觉得这个瞬间转瞬即逝。所以我觉得做这期节目对我来说就是寻找这种欲望的过程,我必须寻求自己曾经可以解释的事情和当时探索事件的一种方式。”①

2003 年新疆地震后《新闻调查》的记者去采访,有一个细节给她印象很深,当时城建部门的人给她打了一个电话,说第二天来可以拍到一个很好的新闻,因为那儿的希望小学明天就可以开学了,要升旗。

---

① 根据《新闻调查》记者在中国传媒大学讲座录音整理。

这位记者去了，发现报社的、电视的新闻媒体都在，大家都拍这些小孩从废墟里把书包抽出来，背在肩膀上，走向操场去升旗，场面挺动人的。然而这位记者当时就觉得不对劲。后来，仪式结束了，记者碰到了两个小女孩，是一对双胞胎，她们光着脚，背着书包，记者跟着她们回到了家，发现一家人都睡在地上，铺了一床被子，用手一摸，是那种又湿又硬的沙砾。后来小女孩拿了一个桶，到了一条大概一百米的雨水积下来的沟渠，把落叶挑开，舀一桶水回来，用两个石头架起一个锅，在里面把水煮开了喝。这件事情给了这位记者很深的启发，也让她在今后的调查采访中给自己定下了一条原则：只有她亲眼所见、亲耳所闻，亲自去质疑和检验过的事情，她才保留相信它的权利，而且她要保留她自己认为一件事情永远是可能被伪造的这样一种合理的怀疑。

这位记者把这种怀疑一切的作风带到了每一期节目中。

在做《网瘾少年》这期节目的时候，有一个曹教授，被大家盛传可以让所有上网成瘾的少年脱离网瘾。当时的曹教授已经被各个媒体进行了炒作，请他到演播室里来做节目，也把他改造好的一些孩子请过来和父母一起谈成功的经验。当时一位记者看完节目之后就觉得自己需要做《新闻调查》，因为她不相信一个人通过四个小时的谈话就可以改变一个小孩的世界观和价值观。这是真的吗？她需要通过自己的调查来解答自己的疑问。带着种种疑问和好奇，记者出色地完成了《网瘾少年》的调查采访。在这一期节目中，记者通过对一个倔强、固执、一意孤行的少年的翔实调查，给观众证实了一个新闻事实：这个网瘾少年最终被曹教授改变了，他已经把电脑架给拆了，而且到上海念书去了，现在还经常跟这位记者发短信。

二、平衡的意识　平和的心态

所谓“平衡”，《现代汉语词典》的解释是“对立的各方面在数量或质量上相等或相抵”。梅尔文·门砌的《新闻报道与写作》对平衡的定义是：尽可能给每一方，尤其是受到指证的一方说话的机会。对于调查节目来说，“平衡”显得尤为重要，因为只有让被调查者充分表达自己，节目才能真正做到公平和公正，节目的可信度才能增强。如果由于不平衡而使节目缺失了重要的信息，这种不平衡对节目的伤害和影响是非常大的，因为调查结果不能客观公正全面地反映事实真相，那么，节目的公信力也就不存在了。《新闻调查》对记者还提出了这样的要求：平衡的意识。《新闻调查》的记者应该让事件中的冲突双方和不同的利益集团有同等的发言机会。①因为许多事并不是表面那么简单，那么善恶分明，不是义愤地指责就可以解决问题的。因此，对那些在开始排斥，甚至有可能打击我们的人，也要给他说话的机会。②

在调查节目里，能够让受访者（无论是正方还是被指证方）充分、自由地表达，这一点是非常重要的。对此，记者要做到以下几点：第一，公正地、不带偏见、不带倾向性地去采访；第二，要有足够的背景知识，了解对方的处境，不把道德苛责施加于人；第三，要有足够的感受，能够体会到一个人内心的情绪和冲突，并且能够表达出来。

① 张洁，吴征．调查《新闻调查》[M]．北京：文化艺术出版社，2006：34.

② 根据采访《新闻调查》记者录音整理.

平衡的意识意味着记者在采访中必须保持公正，这也意味着形式上的均衡，也意味着耐心。对于记者来说，当他面对谎话或者言不由衷的话时，必须控制自己的情绪，要一样尊重受访者讲话的权利，等待谎言自己暴露出来。《事故的背后》这期节目讲述的是在浙江省台州市一家规模很大的医药化工企业的厂区里，一条普通的下水管道在十几个小时内连续造成3人死亡，8人受伤。意外是在下水管道里的墙被凿通之后发生的。那么，致人死亡的原因究竟是什么？下水管道里怎么会有墙？又为什么凿通它？人员怎么会发生连续的伤亡？《新闻调查》记者前往台州市对这一事件进行了调查。经过防疫部门的检测，该下水道中的硫化氢含量高达220ml，而通常安全的硫化氢含量不得高于10ml。这严重超标的硫化氢就是事故中导致民工受伤和死亡的原因，然而更耐人寻味的是片子的结尾。

记　者：海正真的没有给附近的环境造成污染？

陈志明（药厂负责人）：应该说基本做到了达标排放。

记　者：你能在我们的镜头前面保证海正现在的排污是基本达标的？

陈志明：对。

记　者：陈总，我们坐在这儿闻到的刺鼻味道是什么味道？

陈志明：我的嗅觉可能不像你们那样灵敏。

记　者：您说您闻不到？

陈志明：没有你的灵敏。

片子到这里就结束了，非常恰到好处。记者并没有怒火中烧地质问:“你骗人,你明明闻到却说闻不到!”记者平和的心态让整个采访画上了圆满的句号。

《新闻调查》曾收到福建省三明市一位观众的来信,信中说他的母亲接受了三明市“复明工程”的救助,在当地一家医院做了白内障的复明手术,但是就在手术之后他母亲的眼睛却完全失明了。这位观众在信中说根据他的了解,就在他母亲动手术前后不到半个月的时间里,已经连续发生了6名农村的白内障患者被治瞎的事情。那么,这位观众所说的究竟是不是事实,一向为农村老人提供福利的“复明工程”怎么会发生失明的事故?为了查明真相,《新闻调查》记者前往三明市进行调查。在采访中,对于组织医生不当,导致患者失明的残联主任这样一个负面的角色,记者给了1个多小时的倾听时间,没有打断,没有鄙夷,听苦衷、听懊悔。采访结束,残联主任哭了起来,说从来没有哪个记者像这样听她说话。这恰恰体现了这位记者对平衡意识的深刻理解和准确把握。

这位记者在博客文章《话语权的另一半》里写道:

平衡是什么?

在梅尔文·门砌的《新闻报道与写作》里给的定义是:尽可能给每一方,尤其是受到指证的一方说话的机会。

非常简单。

新闻的口号是“探寻事实真相”。真相来自探寻,来自我们对世界的认识。在这个过程中,平衡是我们的道德责任。我们也许没有机会采访被指控方,但是我们有没有对自己获知的一方信息尤其是核心事实存疑?我们能不能站在对方的立场上向爆料人发问？有没有穷尽各种技术要素，体现出尽可能去寻找对对方有利证据的倾向？

“做不到”只是一个技术问题，“不必做”却是一个以暴制暴的思维模式。

事实总是未知的，而且通常总是被隐藏起来的。这个时候，“尽可能”就是一种调查方式。在《张润栓的年关》这期节目里，“尽可能给每一方，尤其是受指证方说话的机会”体现得很充分。这是一期反映农民工讨薪问题的节目，一笔200万的欠款，8年未还，涉及原公司、改制后的公司、交通局、法院。一家家的调查下来，问题出在法院已作了判决，却不强制执行上。于是记者到法院找到了法官，但法官说采访他必须经过新闻中心的同意。记者只好去了新闻中心，然而等到快下班的时候，新闻中心的主任告诉她法官出差了。

记　者：可一个小时前他还在，我们还见了面。

新闻中心主任：执行任务就是这样，说走就得走。

记　者：张润栓的案8年都没执行，这个有那么急吗？

（新闻中心主任掉头就走）

记　者：那你能不能安排其他负责人接受采访？

新闻中心主任（用手挡住镜头）：你们这是干什么？

记　者：我们是有诚意的，我们希望听到法院的声音。

（新闻中心主任头也不回，穿过一家洗衣店，消失了。

于是记者拨通了法院院长的电话，说“我们希望能够采访相关的人”。

院长听到这儿，挂断了电话。）

对于一个新闻节目来说，这样的信息已经传达出了法院的某些态度，然而对于一个调查节目来说，这种态度仍然不能很好地说明问题。这位记者没有就此罢休，她继续艰难地寻找知情的人。终于在她临上飞机前，一位法院的工作人员愿意以真实的身份出镜接受采访，证明他曾亲眼见到有关领导的批示，要求将已强制执行的款项返还给交通局。这位记者说，对于之前那些拒绝采访的人，必须把他们的态度在节目中也呈现出来，因为这些人的观点对于节目来说是必不可少的，只有这样做才能体现平衡的意识。

《新闻调查》曾做过一期关于中国音乐学院艺术类春季招生黑幕的节目《命运的琴弦》，举报人是评审之一的民乐界名家宋飞，但这只是一方的声音而没有另一方的声音，没有招生办的声音，没有除了宋飞之外的其他评委的声音，也没有院方的采访。那么在这种情况下，如何能体现平衡呢？记者选择了站在对方的立场上，替对方来向宋飞提出质疑，以便找出更多的证据。

记　者：艺术类招生是很弹性的标准，你的标准不等于别人的标准。这几个落榜生你曾经教过，是不是你有偏好？

记者要求宋飞拿出证据。宋飞出示了考试的录像并根据录像提出了她的专业判断。然而记者必须寻找与事件没有利害关系的证人，最终接受采访的是中央音乐学院的赵教授。他在不知道事件背景的情况下作出了考试结果有异常的判断。但是对于这样一个严重的高考舞弊案，光有一个证人是远远不够的。于是记者又到了上海音乐学院，在上海音乐学院教授那里得到了同样的判断。在片子的最后，中国音乐学院对考试的结果作出了重新认定：3 个落榜的学生都收到了文化考试的通知书。这个结果包含了两个信息：一是院方认定之前的考试结果是错误的；二是这 3 个学生通过了专业课考试。这两个信息对于整个片子至关重要，记者把它们放到片尾也是为了强调节目真正的平衡。

在记者的平衡意识里，她还强调了一点：平衡是我们的道德责任。这一点在《钟祥投毒案再调查》里体现得很充分。

3 年前，湖北钟祥市发生了一起震惊全国的投毒案：一所中学里的 135 名师生在吃过早饭后集体中毒。警方在经过 12 天的侦察后宣布破案，犯罪嫌疑人就是以副校长为首的 4 名教师。随后该案在全国被广泛报道，几名犯罪嫌疑人被称为“虎狼教师”。但是在 4 个月之后的庭审中，4 名被告却全部当庭翻供。他们说先前的有罪供述是在警方的刑讯逼供之下作出的。不久之后，案件撤诉，警方继续侦查。但是两年半时间过去了，案件却一直没有得出结论，4 位老师一直以犯罪嫌疑人的身份生活。由于事隔 3 年，很多东西已无法查证。记者在调查中想尽一切办法对双方的说法进行验证，同时也对双方的说法保持怀疑。在节目中，记者调查出其中一名老师曾受过刑讯逼供，但她同时也强调无法证明其他 3 个老师也受到过逼供。案件中有一个重要的物证就是投毒的药品，警方说他们已查出卖药人，但是一直以来从未让他和买药人进行过指认，警方的理由是卖药人已经搬走了。然而当记者按照警方的笔录地址找到卖药人时，得知他 3 年来从未离开过。

记　者：老人家，您是王广有吗？

卖药人：对。

记　者：我们是中央电视台的记者，我想找您了解一下情况行吗？3年前钟祥有一个投毒案您知道吗？

卖药人：知道。

记　者：他们来问没问过您毒药是谁在您这买的？

卖药人：问过。

记　者：您是怎么说的？

卖药人：我说这药到处都有卖的。

记　者：您说这药到处都有卖是吧？有没有人带您到公安局去指认一下说认不认识那个投毒的人？

卖药人：不认识，不认识，他们没让我去过。

记　者：您认不认识这个人？

卖药人：不认识。

记　者：您印象里头，这个人3年前有没有在您这里买过鼠药？

卖药人：没有。

记　者：您能确定吗？

卖药人：我能确定。

记　者：您会不会是因为时间长了记不清楚了？

卖药人：我记得清。

这样的调查很容易让人认为警方在伪造事实，于是在解说中，记者强调这只是媒体的调查，并不能证明那几位老师没在那儿买过药，它只是证明警方一直应该做的指认工作并不困难。在片子的结尾，记者如是说：

《中华人民共和国刑事诉讼法》规定，证据不足，不能认定被告人有罪的，应当作出证据不足、指控的罪名不能成立的无罪判决，这就是通常我们所说的“疑罪从无”。发生在湖北省钟祥市的4名教师投毒案因为证据不足，至今没有定案，4名教师一直以犯罪嫌疑人的身份生活。他们在写给我们的信中说，他们的家庭再也忍受不了这样的煎熬，假如法律能够证明他们有罪，请作出有罪的判决，假如不能，请法律给他们一个公正和清白。

《新闻调查》的一位记者曾经说：“我是一个记者，《新闻调查》的口号是‘探索事实真相’，对我这个职业来说，乐趣在于探索的过程本身。而在这个过程中，平衡是我们的道德原则。”

就像在克林顿绯闻事件当中，当莱温斯基被问到为什么接受芭芭拉的采访时，莱温斯基说，因为她相信芭芭拉会给她一个自由表达自己的机会。《新闻调查》的记者在调查节目中，平衡是一种认识事物的方法，它的出发点不是控诉或指责，而是要找到解决问题的办法。于是在《新闻调查》的每一期节目里，我们都能看到记者用尽可能平和的心态去对待采访对象，让每一个采访对象都有表达的权力。

三、平等的视角　平民的主持

《新闻调查》工作手册对记者还提出了这样的要求：要有平等的视

角。在《新闻调查》记者面前,采访对象只有被调查者这一相同的身份,没有尊卑贵贱之别。①

一个记者要想获得成功的采访,有一个重要的问题不能忽略,那就是对采访对象的态度问题。对于每一个采访对象,不论地位尊卑,记者的态度都应当平等。不能够俯视或仰视,要平视,这样才容易获得别人的信任与帮助。

在《双城的创伤》这期节目中,记者在采访服毒自杀的小学生苗苗的同学小蔡时,给予了充分的理解和尊重。她微微向前倾的姿态、充满理解的眼神、轻声细语的询问,这一切都体现了她和被采访者之间平等的关系。

平民的主持在记者身上的体现,一方面,是其在主持的过程中淡化媒体的色彩,以一个普通人的身份来主持节目,用平等、真诚的交流进入采访对象的内心世界,与他们进行心灵的沟通,在节目和受众之间真正起到桥梁的作用;另一方面,是平实、朴素和娓娓道来的亲切话语。

在《以生命的名义》这期节目里,记者在采访艾滋病患者时有这样一段对话:

记　者:你认为自己的性取向是一种病?

冀　飞:对。我记得在高中的时候,我就把家里拿给我学钢琴的钱找心理医生。

记　者:找心理医生?

---

① 张洁,吴征.调查《新闻调查》[M].北京:文化艺术出版社,2006:34.

冀　飞：曾经强迫自己。

记　者：怎么强迫？

冀　飞：就是不去接触任何一个男孩子，尽量疏远他们，尽量去找女孩子。

记　者：这种情况下你快乐吗？

冀　飞：不快乐，真的不快乐。只要我不是这种人，我宁愿一无所有，我当时真的这样想。

采访对象是一位艾滋病患者，记者以客观、包容、平等的态度面对这样一个特殊的采访对象。一句“这种情况下你快乐吗？”记者用和风细雨般的交谈进入采访对象的内心。

《新闻调查》的记者在采访普通老百姓尤其是一些社会底层的老百姓时，非常注意话题切入的方式。记者为了消除对方的紧张和压力，通常会寒暄几句，避免单刀直入。

在《救助站的困惑》这期节目中，面对一位流浪的大娘，记者是这样开始交谈的：

记　者：大娘，还没忙完呢您，一天能挣多少钱啊？

大　娘：一天挣个二十、三十。

记　者：二十、三十，您去过救助站吗？

大　娘：不去啊。

记　者：它那儿还有免费的车票送您回去呢。

大　娘：不去呀。

记　者：救助站有地方住，您怎么不去？

大　娘：不想去。

记　者：为什么呀？

用心体验百姓生活，真诚倾听百姓呼声，努力离老百姓更近一些，这就是《新闻调查》记者型主持人“平民化主持”的要求。

第二节　富有个性化的主持艺术

个性是优秀节目主持人生命力的象征，也是受众对主持人的期待。个性化是主持人节目传播的特色之一，主持人的个性特点也越来越深刻地影响着节目。不过需要指出的是，我们强调的主持人“个性化”绝非感官层面的肤浅的背离节目宗旨的“与众不同”，而是在思想深度、表达方式等方面能吸引人、说服人的“与众不同”。《新闻调查》的记者型主持人个性化的主持艺术主要表现在以下三个方面。

一、面对真相　孜孜以求

《新闻调查》的记者型主持人最感兴趣的是新闻当中的人。他们认为，假如没有对人真正的关切，就不能成为记者，而假如仅仅停留在对人的关切上，而不是对问题的求解上，就不能成为一个好记者。在采访中，记者们碰到过各种各样的困难，遇到过百般的阻挠，但探索真相的欲望让他们内心充满了执着和顽强。

一次在湖北某地，当地的一位市长拒绝采访，于是《新闻调查》的记者和同事扛着摄像机跑到市委家属楼，从一楼敲到五楼，每敲开一扇门就说，我们是中央电视台的，我们找谁，有什么事情，您是否知道他在哪。然后他们抱着摄像机坐在楼下，向每个经过的人打招呼。10分钟之后，市委宣传部的人出现了，答应安排市长接受采访。

在一次去采访孤独症儿童时，记者跟着一个领着孩子的母亲回到家，可这位母亲根本不搭理她。她就一直跟着，到了晚上六七点钟，这位母亲开始吃饭，她只好到门外等。后来孩子出来了，大概五六岁，记者就跟孩子在院子里玩儿，但是这位母亲还是不理她。最后这位母亲终于被这位记者感动了，跟她说了一句："你明天来吧。"就这样，这位母亲终于接受了记者的采访。

2003年2月26日，一位网友在网上贴出了一组视频图片，内容是一个穿高跟鞋的女子踩死一只猫的全过程。图片一被贴出，立刻在网络上引起了网民的强烈谴责。然而两个月过去了，当事人始终没有在媒体上公开露过面。为了接近虐猫事件的真相，记者前往虐猫事件的发生地，试图采访当事人。实际上，在记者去之前，已经有其他媒体采访过那个虐猫的女人和拍录像的男人，由于那些媒体采访时用的是非正当的手段，使得两个当事人对媒体已经深恶痛绝。那个虐猫女子甚至通过中间人跟编导说："你们记者要再找我，我就跳楼。"但那天晚上正好有这位记者做的一期节目，于是这位记者就让她先看一看节目，看完节目后如果愿意见一面，再谈。看完节目，虐猫女子答应记者在宾馆见面。一看到是节目中的记者，那个虐猫女子态度缓和了许多，正当记者想说服她接受采访时，没想到电视里正在播虐猫这件事，而且言辞很难听。虐猫女子转身进了洗手间大哭。大概10分钟左右，她出来了，脸洗得干干净净，拿起包就说，“就这样吧，我走了”。一点余地都没有。这时，中间人出来调和了一下说，“这样吧，临走前我们一起吃顿饭吧！”于是他们 4 个人就去吃饭。当时东北下着大雪，下午 3 点多钟，他们找了一个饭馆。虐猫女子要了一瓶白酒，给记者也倒了一盅。就这样，从来不喝酒的记者陪着那个虐猫女子一个小时就把酒喝完了。记者的真诚把虐猫女子打动了。她告诉记者，那是她一个多月以来过得最快乐的一天，并希望记者晚上能留下来陪她。喝完酒，她们又去唱卡拉 OK，当迪斯科的舞曲响起的时候，虐猫女子“蹭”地一下站起来，开始蹦迪，特别狂热，她的头发一直甩，就那样蹦了半个小时。记者觉得虐猫女子有某种难以释放的东西，而且非常尖锐、非常痛苦。她觉得就算不能够采访，作为一个人来说，能尽她所能帮另一个人疏解也是很好的。唱完歌已经晚上 12 点了，她们一起回到宾馆，记者对虐猫女子说不愿意接受采访没关系，那咱们就作为女人和女人之间的一次聊天吧。于是，虐猫女子和记者谈起她的婚姻，谈她这 20 年的婚姻。她说了很多很多，突然间问记者有没有录音？记者告诉她说没有，如果要采访的话，一定会尊重她的意见，事先告诉她的。那天晚上的谈话就这样结束了。没想到第二天早上 7 点多钟，虐猫女子同意接受记者的采访了。就这样，采访开始了，记者给她做了面部保护。

《新闻调查》的记者型主持人就是这样用自己的执着和真诚，打开了一个个采访对象的心扉。

二、面对强权　从未退缩

《新闻调查》里的许多揭露、批评性节目往往需要记者经历一番曲折的采访，有时甚至需要记者深入危险的环境，克服重重困难，与各种各样的强权斗智斗勇。面对种种强权，《新闻调查》的记者型主持人表现出让人钦佩的顽强。

2004年，有人向《新闻调查》举报深圳的一些外贸公司跟外商签订的合同是假的，外贸公司承诺给生产企业的预付款也是假的，这些公司用各种手段收取其他企业的费用之后就消失了。记者和摄制组立即赶往深圳进行调查，然而在采访的过程中，忽然来了一伙人，对记者的拍摄小组进行百般恐吓和威胁。面对打手的威胁，记者想得更多的是节目，因为之前在采访时有人说骗子公司有黑社会背景，他们曾对诈骗对象进行恐吓和威胁。这样一来，一方的说辞反而得到了证实。当笔者问这位记者遇到这种恐吓和威胁时就不害怕吗？这位记者却说："人都会有恐惧，但也会有比恐惧更强烈的感情。人的生命都很短暂，但还是有一些可以称是'永恒'的东西。在看自己节目时，你会问自己为什么要从事这个职业。"职业道德和社会责任感让这位记者有了面对强权的勇气。

在拍摄《注射隆胸》这期节目时，记者和摄制组在去医院采访之前就知道危险性很大。因为中央电视台经济频道曾经报道过这件事，节目播出之后，他们不仅遇到了一些麻烦，还有人要求他们再做一些正面宣传的报道。另外，他们还得知医院跟高层之间，包括跟中宣部之间有过深层的沟通。如此一来，记者面临的选择是到底碰还是不碰这个选题。当时《新闻调查》栏目策划专业委员会的成员甚至说："不要碰这个事情，你可以不采访它，也不要把国家药监局官员受贿的事情牵扯进来，因为你要冒双重风险，我宁可不做这个节目。"然而这位记者判断它是值得冒风险的，她一定要去采访。这个节目播出之后，被指控方曾经找律师说要跟记者打官司，但最后还是放弃了，因为他们也认为节目中没有太多失衡的成分。就是这样一个背景复杂的事件，在节目播出后，2006 年 4 月 30 日，国家食品药品监督管理总局终于发出了停用“奥美定”(20 世纪 90 年代，“奥美定”在我国经官方批准后生产，在整形美容行业应用广泛)的通知。

三、面对弱者　关怀体贴

在《双城创伤》中有一组画面让人十分感动：记者采访服毒自杀女孩苗苗的表弟，采访安排在一个青翠的庭院里，背景是天空，记者和男孩呈现在画面上的都是剪影。男孩拘谨地坐着，剪影中紧张的肢体透露出他内心的痛苦和不安。记者身体前倾，轻声地提问。

记　者：你自己心里有疑问吗？

男　孩：有。

记　者：那你去问谁呢？

男　孩：问自己。

记　者：没法去问大人吗？

男　孩：是。

记　者：你觉得这件事他们没法给你解释？

男　孩：不相信他们的解释。

记　者：那你自己能回答得了自己吗？

男　孩：回答不了。

记　者：你回答不了自己的时候心里会觉得难受吗？

男　孩：难受。

记　者：难受怎么办？

此时，男孩已经泪流满面，哽咽着说不下去了。只见记者从椅子上起身，上前蹲了下来，用手替男孩擦去脸上的泪水，并怜爱地说："别哭了，去洗把脸吧。"然后握着男孩的手安慰他，试图让他平静下来。从记者温柔的眼神和情不自禁的安抚动作中，我们不难看出她对弱者的那种发自内心的关怀和体贴。

第三节　视角独特的个性点评

"主持人独特的视角来自主持人对生活的关注，对生命的感悟，来自主持人的价值观念、道德观念，来自主持人的使命感、责任感，在一定程度上也与主持人的知识结构及生活积累有关。主持人独特的视角大量体现在主持人节目的选题中，体现在主持人所关注的问题阐述里，受众由此感觉到主持人内心深处的所思所想。"[①]《新闻调查》每期节目都有开头、结尾的串场，串场会描述一些节目中无法表现的信息，比如某个现场非常珍贵，但是如果没有语言的描述，受众就不能知道这个信息。这个时候，就需要主持人来串场，但串场不是一个简单的叙事性解说，而是需要主持人以自己独特的视角去思考问题，以独有的感受去理解事物，

① 吴郁. 主持人的语言艺术[M]. 北京：北京广播学院出版社，1999：243.

以独创的构思去组织语言，进而阐述自己独到的观点和看法。《新闻调查》记者型主持人的个性点评归纳起来有以下几点。

一、联想丰富　语言生动

《新闻调查》记者型主持人非常注重语言的形象性和生动性，这不仅是主持人职业角色当中"把受众当朋友"的要求，同时也有效地避免了主持人"灌输"和"说教"的传播方式，从而让受众在立体、丰富的语言当中感受到主持人充满真诚、富有生气的语言风格，优化传播效果。

在《长大未成人》这期节目中，记者设计了一个意味深长的串场，串场的拍摄地点是上海东方明珠塔的透明大玻璃观光电梯。镜头从记者按下电梯的按钮开始，电梯门关闭后，电梯快速上升，两旁是商场悬挂的梦幻般的五彩气球和楼层的更迭。记者随着电梯的上升，完成了这期节目的串场。

> 一个人进入青春期，就像是打开了这样一个旋钮，你会看到童年的大门就会在你身后永久地关闭，而飞速的变化就会在很短的时间内开始。可是你既不可能停下来，也不能完全控制自己的身体，你只能听由它的牵引，去往未知之处。而令人遗憾的是，我们当中的大多数人，就被困在这样令人眩晕的变化当中，孤独地成长。

我们不得不佩服这位记者敏锐的洞察力和丰富的联想力，由飞速上升的电梯联想到青春期的成长过程。通过这样的类比，把抽象的事情形象生动地表现出来，既能拉近主持人与受众之间的距离，又调动了受众的情绪，让受众的思维随着主持人的语言来运动，在不知不觉中把有用的信息传达给受众。正如美国传播学者威尔伯·施拉姆所说："把一个人的语言保持在受众能够适应的抽象程度上的能力，以及在抽象范围内改变抽象程度的能力，以便在具体的基础上讨论比较抽象的内容，使受众能够不感到困难地从简单、熟悉的形象转到抽象的主体或概括上来，并在必要时能够再回到原来的形象上去，是有效传播的一个秘密。"①记者型主持人的独到之处就是善于从形象思维中把抽象的概念通过自己的理解转换为具象的语言，用形象生动的叙述打动受众的心。

二、简单明了　言之有物

吴郁教授说过："通俗易懂、深入浅出，是一种沟通方式。它既是一种态度，同时也是一种能力。"中央电视台节目主持人敬一丹说过："独到的言论不在于声嘶力竭，而在于好好说话，和观众平起平坐，而不是高高在上。"而《新闻调查》记者型主持人的又一独到之处，恰恰体现在"好好说话"上。《新闻调查》的记者型主持人非常善于从受众熟悉的事物或直观的形象入手，用生活化的语言把深奥的概念和复杂的问题通俗化、简单化。不仅言之有物，而且便于受众理解。

在《生命中不能承受之重》的开场，记者这样描述自己对健康的理解：

> 关于健康，有人做过这么一个比喻：他把健康比作是数

---

① 施拉姆，波特. 传播学概论[M]. 陈亮，等译. 北京：新华出版社，1984.

> 字1,把情感、财富、成功等都比作跟在1后面的0。那么如果健康不存在了,所有其他的东西也都会变得毫无意义。这个道理谁都明白,但是在今天,我们却听到越来越多关于现代人的新名词,像压力、亚健康、过劳死,有很多人就是因此而失去了健康甚至生命,而他们当中相当大的一部分人是中青年人。他们处在人的生命中最黄金时间的年华,本应该是对这个社会最有所贡献、有所创造的年纪,那么这一切究竟是怎么发生的?我们该怎样面对这些无法躲避的压力?今天,《新闻调查》将和您一起探讨:生命无法承受之重。

把抽象的概念简单化,既形象又生动。语言简单明了,在让人容易接受的同时又避免了"大话"和"空话"。

三、环环相扣 层层递进

《新闻调查》的记者型主持人在点评中,非常善于用连续发问的句式将一个个问题环环相扣地抛出来。这种提问策略不仅可以使思考逐步加深,感情逐步强化,而且能增强语言的说服力和感染力。

在《谁为爆炸负责》节目的开头,记者就是这样进入主题的:

> 从今年的4月到7月,在山西忻州连续发生了3起因为非法自制炸药而引起的爆炸事故,一共造成91人死亡。这些非法自制炸药跟当地一些小煤矿的私采滥挖之间存在着什么样的关系?这些非法自制炸药是怎么流进市场的?在我们国家对于民用爆破器材的生产和流通有着怎样的监管

程序？在这3起爆炸事件背后存在着什么样的问题？在这个时候又应该由谁站出来对这91条逝去的生命负责呢？

这种连续发问的句式逻辑性强，主持人用这种句式加强了语气，表达了自己强烈的感情，引起受众的深思和共鸣。而且层层递进的提问方式也增加了语言的美感，增强了听觉的冲击力，同时体现了这位记者缜密的逻辑思维能力和对语言的控制力。

在《红色“警戒”》节目的开头，记者也采用了同样的方式：

苏丹红，这个一个月前我们大家都还陌生的名字，现在变得几乎家喻户晓。被它污染的食品曾经被很多人吃过，而大家都明白“病从口入”的道理。在这次事件中，让人担心的不只是自身的健康，还有对著名品牌信誉度的质疑。因为这次牵扯到事件中的已经不仅仅是名不见经传的小作坊，还有世界知名的大企业。那么这些大企业的苏丹红是哪里来的？是哪个环节出了问题？我国食品监管为什么在这个问题上会显出无奈？消费者怎样才能最大限度地维护自己的权益？在今天的节目中，《新闻调查》将跟您一道探讨这些一直困扰着我们的问题。

四、循循善诱　蕴意其中

在节目中，我们很少看到《新闻调查》记者型主持人有惊涛骇浪或者义愤填膺的情绪，相反，他们总是那样不显山不露水，但他们的平静和冷峻反而更加令人深思。《新闻调查》的记者型主持人对某个事实的报道通常不会就事论事，而是引导人们思索症结所在和事实背后的原因，循循善诱、点到为止。在《一只猫的非常死亡》的结尾，记者这样评述：

> 这里是萝北的名山岛，一只猫在这里死去，引起了前所未有的关注，当事人受到强烈的谴责。他们甚至被称为恶魔，并且为此失去了原有的生活。但是在调查中我们发现，其实他们是和我们一样的普通人。在虐猫事件中，他们所透露出来的对仇恨的宣泄、利益的驱动或者内心深处某种隐秘的欲望，也许在很多人的心里也都存在。猫死去了，但人的生活还要继续，该怎么样去化解仇恨，怎么样权衡利益，欲望满足的界限究竟在哪儿？这可能是每一个人都需要去面对的问题。

一只猫死去了，但人的生活还要继续。这个事件所透露的其实是每个人应该怎样对待欲望、宣泄仇恨。现实生活中欲望的标准是什么？人对欲望的满足是不是应该有一个界限？记者觉得这是所有人应该去面对的问题。因此，在对待那位虐猫致死的"凶手"时，她并没有像通常人们反应的那样去谴责和痛斥，而是引导人们举一反三，联想类似的现象，深挖背后的原因，从人文关怀的角度出发，用平实的叙述方式，把道理蕴含其中。这样既避免了说教的嫌疑，又给受众留下了更为深刻和宽广的思考余地，耐人寻味。

在《谁为爆炸负责》的片尾，记者这样说道：

> 这是一片资源丰富的土地，它原本应该带给生活在其中的人们幸福和富足，但是只要对于煤的非法开采和相应的管

理失序仍然存在，人们的伤痛和恐惧就难以避免。爆炸案已经结束了，但是对于爆炸案的思考却不应该停止，这既是对逝去者的告慰，也是对继续生活下去的人们的责任。我们祝愿这片土地平安。

记者的这段结尾，含蓄中见真情，平淡中有寓意，让人们从情境中去领略，从情感上引起共鸣。这位记者的点评不张扬但却非常有力度，在议论中动之以情，晓之以理，将激情藏于看似平淡的话语中，把内心情感的抒发和理性的议论相结合，很好地把握住问题的症结，从而引发受众深思。

第四节　富有人情味的语言特色

"个性是主持人魅力的核心，语言又是主持人个性展露最重要的窗口。语言是一个人综合能力的表现，它不仅仅是语言本身的事情，还关系到一个人的思维方式、文化心理、知识结构、情感表达、审美情趣等，而后才是话语的形成。"[①]《新闻调查》记者型主持人的语言特色体现在其充满人文关怀的富有人情味的话语中。

《新闻调查》记者型主持人说他们要做的新闻是一种平衡的新闻，不回避让人尴尬的尖锐问题，同时也有柔软的部分，这种悲悯的情怀对新闻工作者来说是很重要的，因为情感和新闻并不是对立的。硬新

---

① 吴郁.节目主持艺术探[M].北京:北京广播学院出版社,1997:203.

闻下的柔情，让《新闻调查》的记者型主持人显得与众不同。

一、温婉细腻　真情投入

在做《注射隆胸》这期节目时，有一天晚上，记者跟一个叫小草的采访对象打电话，打了两个多小时。因为这个小草从来没有对人倾诉过，她不停地说，而这位记者几乎没有说话。凌晨三点多，小草给记者发了一条短信："谢谢你的善良，我听到你哽咽的声音，希望你不要受到伤害。"记者从这位采访对象的身上受到了启发，因为对小草来说，有一个像记者这样倾听她说话的人，她都会心怀感谢，甚至希望别人不要受到任何伤害，这是一种什么样的心情？这位记者说，自从做了这期节目以后，她重新回到了原来的道路上。她说，自己在做节目时，无论如何不能够失去内心当中最柔软的那一部分。

解　说：在小草怀孕期间，曾经注射隆胸过的乳房就开始剧烈地胀痛。

记　者：最痛的时候能挺得住吗？

小　草：痛到自己跑到厕所去流眼泪，好像有一个石头往下坠的胀痛。我每天用手托着它，就好像要爆裂了一样。

记　者：你当时有没有想到，可能跟你所注射的东西有关？

小　草：我知道一定是有关的。

记　者：你怎么能作出这个判断？

小　草：不像正常的胸一样，里面是一块一块的。

记　者：一块一块的？

小　草：对，有硬块。

记　者：多吗？

小　草：多，特别多，而且它会流动，会跑的。我当时明明是让他给我注射的胸部，可是我的胸大肌里面，包括我这样的地方，还有这里全都有了。

记　者：你是说就是腋下还有胸肌的这个部位？

小　草：对，全都有。

记　者：你介意我摸一下吗？

小　草：不介意。

记　者：这个位置？怎么会这么硬呢？

小　草：一块一块像小石头一样的，一直到这里全部都有。

记　者：这正面都是？

小　草：对。

记者在节目中表现出来的柔声细语和她用手触摸受访者胸部等肢体语言，还有她关切的眼神和动情的话语让人感受到浓浓的人情味。

二、关注细节　可亲可信

细节能够表现和传达一个人内心的真实情感，同时，细节传情还是增强感染力的重要手段。它能激起受众的情感，引起大家的共鸣。细节虽小，但却能“于细微处见精神”，犹如春风化雨润物无声。《新闻调查》记者型主持人非常关注细节，这不仅仅是一种技巧，更体现了记者型主持人的为人和态度。

在《女子监区调查》节目中，记者采访了因杀死自己丈夫被判重刑的安瑞花的大儿子，大儿子在家里出事之后，精神受到了极大的打击。他极度抑郁，经常在外流浪不回家，也不愿见任何人。记者和安瑞花的大儿子坐在门外的台阶上，呼呼的北风迎面吹来。

记　者：穿毛衣了吗？

安的大儿子：没有。

记　者：你经常在外过夜就穿这件衣服呀？

安的大儿子：是。

记　者：你为什么经常不回家呢？

安的大儿子：回去我想俺妈，你叫俺妈早点回来吧。

面对这样一个精神备受打击的“杀人犯”的儿子，记者从内心深处给予了真切的关心，看似极其平淡的一句“穿毛衣了吗？”，却让人从内心感受到几分温暖。从这一细节我们也可以看出，这位记者能真正站在对方的角度考虑问题，对对方的处境感同身受，让人觉得可亲可信。

在《谁为爆炸负责》的采访现场，记者站在一堆废墟上，是这样介绍的：

在这场爆炸案当中，有一些没清理的遗物就放在这间屋子里面，有家具、床褥，还有很多衣服和一些杂物。这应该是一个证件，一个退休证，一个叫王双全的老人，他今年66岁；这有一件衣服，应该是小孩子的，从大小上看应该是一个四五岁的小孩子穿的衣服；这应该是一个影集，这是一个很年轻的小伙子，这里面应该是他和他的女朋友或者爱人的合影。这些生命就是在4月10号凌晨两点这场爆炸中结束的，而在爆炸当中死亡的大多数人甚至没有留下任何痕迹、任何物品。

记者的这段话看似平常，没有过多地渲染事故本身，而我们却能从她的描述深深地感受到这场事故造成的悲剧，也让我们从这位记者细腻真挚的内心世界里领略到她对人生更深层次的感悟。

三、质朴真诚　用心沟通

主持人作为公众人物，无论在生活中还是在节目里，尤其应该强调真诚。因为真诚不仅是一种人生态度，更是一种美德，只有以诚相待，才能赢得受众的心。

在《追索十六年的名誉》节目一开始，记者见到受访者的第一句话就给人留下了深刻的印象：

记　者：打扰了，我们是中央电视台的记者，这是李校长吗？
　　　　你好，你好。我们来看看您，身体还好吧？

在拍摄《张润栓的年关》时，张润栓的儿子张胜勇是一个聋哑人，记者并没有请翻译帮忙，而是花20分钟学了简单的哑语，用哑语与采访对象进行了一次特殊的采访。有人问她为什么要用哑语采访时，这位记者说："我跟他交流，应该对他更尊重。以后如果需要突破常规，采用更大胆的表现方式，只要我觉得遵守了我所理解的新闻原则，我还是会那么做的。”

在这位记者看来，所谓的采访只不过是一种交流。因此，在采访中要尽可能地营造一种“场”，要努力赢得对方的信任，因为当你只是一个记者的时候并不能完全取得对方的信任，况且记者的采访并不是从面对面的时候开始的。所以在每次采访中，这位记者都尽可能地站在对方的立场上，给人以足够的理解和关怀。

第五章

记者型主持人个性特色成因分析

主持人的个性往往表现为独到的思维方式、独特的视角以及独具特色的表达等，这些是构成一个主持人个性化主持的几个重要方面。这里就记者型主持人的个性特色成因进行简单分析。

第一节　缜密的逻辑思维和思辨能力

《现代汉语词典》对思辨的解释是“思考辨析”。顾名思义，思辨力就是一个人能很好地运用逻辑推理进行思考辨析的能力。具体表现在面对复杂的事情和问题时，能够多问几个为什么，善于从不同的角度和方向去了解事情的真相，并能换个角度和思路去寻找解决问题的办法，也就是人们通常所说的逆向思维。缜密的逻辑思维和思辨能力对于一名优秀的记者型主持人来说是不可或缺的，尤其是在新闻调查类节目里。良好的思辨能力让记者型主持人在调查采访中更容易抓住新闻事件的要害，更容易激发出采访对象的思想火花，更能体现调查节目的深度。一个称职的记者型主持人在工作中应该有思想、善思辨、不浮躁，面对各种新闻事件有自己独到、深邃的见解。《新闻调查》记者型主持人的思辨能力主要表现在以下几个方面：(1)面对复杂的新闻事件有快速判断分析的能力；(2)在采访过程中，有获得深度信息的能力；(3)面对采访对象，有提问到位、表达准确的能力；(4)有深刻点评的能力。

一位记者在策划《"非典"突袭人民医院》这期节目之前，已经深入一线做了一期关于"非典"的报道。然而外界对北京大学人民医院却充满了疑惑，因为在整个"非典"事件中，北京大学人民医院一共有 205 人因感染"非典"倒下，其中 93 位是医护人员。在医院院长吕厚山接受央视记者采访为整个事件进行解释时，这位记者却从当时复杂的新闻事件中作出快速的判断，从中嗅出了新闻背后的新闻。于是她决定重回事件的现场，为大家揭开这个谜底。当这位记者在医院急诊科主任朱继红的陪同下打开急诊室的大门时，她的内心被强烈地震撼了：在急诊室里，所有的椅套上都写着"星期四"的字样，还有那些凌乱不堪的床，堆积在桌上的病历，每一页翻开都是"发热"。黑板上写着 22 个病人的名字，当时为了隐瞒病情，都用粉笔写着"肺炎"。而不是"非典"的病人也因医院的条件限制被迫和"非典"病人待在一起。在用留院观察室改成的"非典"病房，记者看到这里连清洁区和污染区都没有，更可怕的是在这里工作的医护人员居然连隔离衣都保证不了。在发热门诊那里，记者还看到露天的椅子和输液架，当时病人多的时候就坐在空地上、树上输液，车里也挂着点滴。这触目惊心的现场被记者真实地记录下来了。整个节目从一所专业医院应对疫情的角度反思了如何建立应急机制这一复杂而重大的社会问题。节目的最后，记者问急诊科主任朱继红，如果再遭遇一次“非典”，有没有信心打赢？朱继红说如果还是这样，我们还会失败。

记者通过对整个事件的深入调查，呈现给受众的是更深层次的东西：这期节目的调查对象已不仅仅是“非典”本身，而是以“非典”为镜，看社会卫生应急系统，看社会保障系统，看人们的心理素质。整期节目引人深思，耐人寻味。

中国传媒大学教授朱羽君这样评价：《“非典”突袭人民医院》做得非常好。主持人的元素、环境现场的交代、当事人的叙述、周围人的采访、主持人的评论以及整个氛围的包装，我觉得都非常精彩。

记者型主持人的思辨能力还体现在提问非常准确到位上。在《一只猫的非常死亡》节目中，记者和踩死猫的王某进行了交谈。

记　者：你是因为钱吗？

王　某：其实金钱对我来说并不重要。

记　者：那是为什么呢？

王　某：正好找到一个发泄的机会。

记　者：但是你不怕吗？

王　某：好像人在愤怒的时候没有什么可怕而言了。

记　者：我看那个时候的你一直是面带微笑的，这是对方对你的要求吗？

王　某：不是，好像我表情就愿意这样。

记　者：你自己没有注意到吗？

王　某：没有。

记　者：你都不知道你脸上带着笑容吗？

王　某：不知道。

记　者：你说你这样做的时候是为了发泄，是有这种释放的感觉吗，你觉得？

王　某：有，当时是有。

记　者：为什么这样可以让一个人觉得释放呢？

王　某：这个无法用语言去形容。

记　者：为什么要踩它的眼睛呢？

王　某：这个细节不要描述了。

记　者：为什么不想再谈起这些细节？

王　某：如果要再谈起这件事，好像又勾起我这些仇恨。动物只是一个替代品，可以不谈这些，不要谈这些了。

记　者：你是说你把它想象成你仇恨的人，我可以这样理解吗？

王　某：对，可以这样理解。

记　者：但这么做的时候你能听见猫在叫吗？

王　某：当时头脑一片空白，好像什么都没想过，也没有感觉到什么。

记　者：你没有意识到脚下这是个生命？

王　某：没有。

记　者：你后来为这件事情自责过吗？

王　某：嗯。

记　者：坦率地说，你曾经有过极端的念头吗？

王　某：有过，我总感觉我内心受的伤，好像任何人都帮不了我，这些不谈了，我不想谈这些。对不起。

在这期节目里，记者想知道当虐猫女子残害猫的时候，她的内心想法是什么，当她回答发泄仇恨的时候，记者没有再去问她仇恨谁。因为记者认为自己没有权利这样问，这是她的个人生活，但是记者需要探索动物的死亡真的是因为仇恨吗？动物跟仇恨之间有什么关系呢？她要弄明白这一点。所以当虐猫女子说“动物只是一个替代品”的时候记者不能停下来，如果动物只是一个替代品，那么它代替的是什么？记者马上问她，可不可以理解为踩动物的时候只是发泄对一个人的仇恨？虐猫女子说可以这么理解。因为当时她已经不愿意交谈了，记者必须用一定的技巧让虐猫女子回应大众的猜测。“你没有意识到脚下这是个生命？”记者提问的分寸把握得很好，当问题问到凌驾一个人内心的那部分最原始的动力时她就此打住了。至于产生这个动力的更私密的原因，记者认为不宜在节目中展示，因为这是对他人生活权利的一种侵害。

记者在面对这样一个因踩死猫而遭到社会各方的谴责，也因此失去了原有的工作和生活，甚至想过自杀的人时，非常善解人意。采访中虽然也有不能回避的比较犀利、尖锐的问题，但记者却不咄咄逼人，不是简单粗暴地进行道德批判和谴责，而是给对方保留了人格尊严。

第二节 人格魅力是主持人成功和发展的基石

社会心理学家陈仲康认为人格是人的特点的一种组织。人格也是一种心理现象，人有表现于外的、给人印象的特点，也有外部未必显露的、可以间接测得和验证的特点。这些稳定而异于他人的特质模式，给人的行为以一定的倾向性，它表现了一个由表及里的、包括心身在内的真实的个人。[①]《现代汉语词典》对“魅力”的解释为“很能吸引人的力量”。因此，人格魅力就是一个人在气质、性格等方面所具有的吸引力。著名相声艺术家马季曾说过：“任何艺术最后的竞争，必定是人格的竞争。”可见，人格魅力对一个节目主持人艺术生命力的长短起着至关重要的作用。而“从人际交往心理学上看，个人显示其魅力或赢得他人喜欢与爱戴的方式不外乎三种，即语言魅力、能力魅力和人格魅力的展示，其中人格魅力又往往处在核心位置。而从主持传播的角度来讲，亦有人在采访了大量观众的基础上将主持人的魅力分成人格魅力、语言魅力、风格魅力、思想魅力和亲和魅力，其中人格魅力同样居于首要位置”[②]。可见，人格魅力是主持人成功和发展的基石。

一、真诚友善 富于爱心

《新闻调查》的一位记者说在双城采访时的一件事让她久久难忘：

---

① 陈仲康，张雨新. 人格心理学[M]. 沈阳：辽宁人民出版社，1986：3.

② 高贵武. 解析主持传播[M]. 北京：北京广播学院出版社，2004：212.

“六个孩子在六天里连续服毒自杀，两个孩子死亡，四个孩子获救，但这四个孩子不愿意透露服毒的原因。我们坐飞机赶到那里，晚上十一点多到第一个孩子家里，他和他的小姐姐坐在一起，我说愿不愿意让我把采访录完？当时其实是不抱希望的，但是他说我愿意，我下意识地问为什么愿意？他说我看过你采访‘非典’的节目，我当时愣在那里说不出话来。这是一个契机，但他愿意为你把心灵打开多少，我不知道。第二次采访非常顺利，可是这孩子的妈妈带他去外面吃饭的时候遭到辱骂，说这孩子丢了全镇子的人。第二天这孩子一句话不说，后来冒出一句‘你们走了，我就不会在这世界上了’，我说你这样想我们就拿着行李回北京，不做这个节目了。他说你节目不做了，明天就看不着我了，然后转身就走了。这孩子只有 14 岁。我当时真正感到做记者是这样的无能为力。我给他写了一封信，讲我 14 岁时的艰苦时期是怎么熬过来的，因为有很多值得我活下去的乐趣。我把这封信给他姐姐转交。我要走的时候他来找我，说你要走了，我不能送你。他说我将来也要做记者！我说好啊，你来北京我们一块儿工作。我记得跟他分别的时候，他站在教室门口，夕阳照过来，非常美丽。”

真诚友善是主持人人格中的重要美德，善良的品德就是要对社会、对受众充满爱心，向受众展现自己真实和诚恳的一面。正是由于《新闻调查》的记者型主持人在生活中用真诚的目光注视身边的一切，用善良的心关注身边的每一个人，才使得他们在节目中也表现出了感人的力量，一次又一次赢得了受众的心。

二、宽宏正义　悲天悯人

在《"非典"日记》里，一位记者用文字记录下了那个时刻的感受。

5月27日，(北京大学人民医院)急诊科的王晶昨天去世了。我们去看了她家人，她丈夫给我念妻子的短信，每个字都像锤子一样砸着心。

第一条是："窗前的花儿开了，我会好起来的。"

他不能探视妻子，只能每天站在医院门口，进不去，就在世界上离她最近的地方守着。

她写："回去吧，你不能倒下，你是我在这个世界上唯一的依靠。"

她开始知道自己不好了，在短信里交代存折的密码了。

最后一条，她要他系上红腰带："本命年，你要平安。"

他一边恸哭一边念，我的眼泪也满脸地流，做记者哪能这样呢？可是你是人，你就不能摆脱人的情感。

女儿大宝才6岁，她在门上贴张条子说："妈妈爱我，我爱妈妈。"

我问她为什么贴在门上，她不说话。我轻声问："你是想让妈妈一回来就看见，是吗？"她点点头。

临走的时候，她在床上叠幸运星，说装满一整瓶妈妈就回来了。我在暗淡的光线里沉默地站了一会儿，很想拥抱她一下，但是什么也说不出来。她也沉默了一会儿，抬起头看了我一眼。我忽然明白，她其实已经知道妈妈过世了，但她不想让任何人知道她的难过。

从王晶家出来后，车行驶在二环路，满天的乌黑的云压着城，暴雨马上就要下来。我们一车人，谁也不说话。不知道这期节目能不能播出，我只希望保留下这些素材。20年之后，大宝长大了，我可以放给她看一看，让她明白，她的母亲是怎样牺牲的，是什么让这么多人付出了惨烈的代价。

我们从这位记者的字里行间读出了她那颗善良而又敏感的心。《新闻调查》记者型主持人在工作和生活中，无时无刻不在关注人的情感，体味人内心的伤痛。更重要的是，他们总在思考这些事件背后的原因，并努力挖掘新闻背后的新闻。

还是《一只猫的非正常死亡》那期节目，记者说那次采访对她来说是一个非常艰巨的挑战，因为它跟以往的采访有所不同。以前采访被指证方时她没有道德的压力，或者说没有情感的压力，她只是一个倾听者。然而虐猫女子已经把她当成一个朋友、一个信任的人，但为了弄清真相，她必须去问一些尖锐的问题。比如，“你去踩猫的时候脸上为什么带着笑容？”“你为什么要选择它的眼睛？”当记者看到虐猫女子脸上的笑容一点点消失，到最后开始流眼泪时，记者说那就休息一会儿吧，先不采访了。虐猫女子回到房间关上门，很久都没有动静。记者突然感觉到不对了，因为以前在采访她同事的时候他们告诉记者，她有类似癫痫的毛病，只要说到虐猫的事就会发作。记者赶紧叫服务员来开门，她果然发病了，整个身体都出现了痉挛，高烧、手拽着被单。后来记者从医院叫了一个护士过来，给她打了10毫克的安定，然后就在床边看着她，一直到护士走。那一晚，记者觉得特别不安，因为她觉得虽然作为一个记者，必须面对真相，这是记者的职责，但是作为一个人，这种谈话是令人非常不适的。于是记者给虐猫女子发短信，说这个采访对她来说也决不轻松。后来，虐猫女子给她发了一条短信，开头叫她老妹，说“我看了你这个节目，我感觉挺轻松的，还有我觉得你们尊重了我的感受，我觉得我好多了”。在这位记者看来，记者是一份很艰苦的工作，他们在打开别人心灵的同时，也不得不拿出自己的内心世界来接受检验。这是没有任何东西可以替代的至高无上的一种荣誉。她说，当别人信任你，在你面前坐下来为你袒露他从未说过的一切的时候，你会感到这个职业有一种特殊的神圣感。你就会懂得如何去珍惜它，怎样去提防任何一点点可能会破坏它的东西，因为轻率、轻慢，或者功利而损失掉的那一点点东西，到最后都会变成一把尖利的刀直接捅向我们自己。因此，做《新闻调查》的记者，要保持最初做传媒的时候那一点点敏锐和柔软的心。

三、果敢干练　坚韧不拔

2003年春夏之交，中国正面临一场史无前例的灾难——“非典”在中国的北京和广州等地肆虐。当时很多栏目出于安全的考虑，开始重播老节目，但《新闻调查》的制片人和他的同事却选择冲上一线。

这期间，《新闻调查》做了一期《北京“非典”阻击战》。我想至今人们依然难以忘记当时那惊心动魄的现场，摇晃的镜头跟随身穿白色防护服的瘦弱记者穿行在病房之间，记者近距离地采访受感染的病人。我问她当时就不害怕吗？这位记者说当时已经顾不上这些了。在那样的现场，那一刻，她真正意识到作为一个新闻记者的责任，她有责任记录下这一切，让全国人民记住这场灾难，记住为这场灾难所付出的代价。“非典”让她知道了什么是真相，而要获得真相，就要让新闻当事人开口说话。

真诚友善、富于爱心，宽宏正义、悲天悯人，果敢干练、坚韧不拔，我想这正是《新闻调查》记者型主持人人格魅力之所在。

当然，主持人的人格魅力是与其自身的先天禀赋、家庭环境、教育背景、生活阅历等因素息息相关的。培养主持人的人格魅力是一个长期的动态的发展过程，它是随着时代的不断发展变化、社会的进步而不断提高的。

第六章

《新闻调查》存在的问题及面临的困境

《新闻调查》自 1996 年创办至今已走过了十多年的历程，从最初学习借鉴美国的《60 分钟》发展到今天，已经毫不逊色地代表了中国电视新闻节目的制作水准。然而在成绩面前，我们仍然可以看到栏目以及记者型主持人存在的问题及面临的困境。

第一节　栏目存在的问题

一、质疑的度把握不当

《新闻调查》曾经有这样一句话：质疑是我们的生存方式。然而在采访过程中，当质疑的度把握不好时，就容易造成一种不对称、不平等，容易给对方造成一种威胁，让人觉得有压力，这样就很难达到揭示真相的目的。因此，采访时记者型主持人对度的把握要控制得当。

二、话语权失衡

记者型主持人在采访的时候，应该让正义方和受指控方都有足够的话语权，让他们尽可能地为自己“发声”。栏目存在较大的一个问题就是容易把事情简化成“二元论”：善与恶，这也是造成一些节目失去平衡的一个原因。①

三、缺乏讲故事的能力

要做好调查类节目，就要把新闻当成故事来讲，而且一定要把这个故事讲好。但是由于有些编导或记者型主持人对故事本身不敏感，就容易简化新闻，简化生活，缺乏讲故事的能力。故事没讲好，整个节目就会让人觉得平淡无味，更谈不上精彩了。②

四、选题不明

《新闻调查》的选题，一方面，有时过于宽泛，包括选题的标准、选题的个性、选题的形式，比如有访谈式的，有新闻报道式的，也有介绍科技内容的，不能形成一种鲜明的栏目个性。另一方面，有的选题对政策、时局把握不好，造成一些节目做好了不能播，或者有的节目播出了又要写检讨，这是栏目的一个大难题。在这方面团队恐怕还要加强对国家大政方针的学习和把握，提高政治素养。

---

① 根据采访《新闻调查》记者录音整理。

② 根据采访《新闻调查》记者录音整理。

第二节 记者型主持人的问题

一、态度问题

《新闻调查》的一期节目《事故的背后》播出后，不少人认为记者有的问题太过尖锐，而且从记者的坐姿、带嘲讽的微笑和不信任的眼神中流露出许多信息，这是记者当时没有意识到的。新闻中心的一个领导曾说：一个好的记者的态度，不是质疑，而是疑问。质疑本身要多一层质询的含义，所谓质询是什么？质询带有一定的威胁，可能给对方一个很大的压力，在这种压力之下，对方会变本加厉地掩盖真相。而新闻的目的是揭示真相，记者应该用所有可能的方式揭示真相，让更多的人站出来说话。

二、探索能力的问题

《新闻调查》有记者表示，越做调查，越感到探索事情真相的不易。所谓真相，就是事情的本质。事情摆在记者面前，由记者决定记录什么、怎么记录，这是非常重大的一种职业责任。你必须具备深厚的认识能力，把事情放到一定的坐标系里去考量。调查的魅力在于事情不是简单的泾渭分明、善恶清晰，而需要记者穿过表面、拨开迷雾，朝着事物的本质不停地探索，能走多远走多远。一个人探索到的事情真相的多少，取决于他对世界认识的多少。因此，记者型主持人在新闻调查的路上，仍需要不断地完善自己的人生观和世界观。

第三节 记者型主持人的困惑

《新闻调查》的一位记者说曾有人提醒过她，过于沉浸，容易让自己的感情夸张和变形。她讲起不久前的一次采访："一个报考音乐学院的孩子，因为种种原因而落榜。我对他的采访持续了几个小时，他始终认为自己是最好的，如果这一次不被录取，他就放弃心爱的二胡。在采访快要结束的时候，我对他说：'我同意你的说法，真正的考试是通往内心的。让我们忘了这场考试吧！如果愿意，你可以在镜头前跟我们分享一下你的音乐吗？'那个孩子说好，拿起二胡，拉起他参加考试的曲目《蓝花花》。琴弦响起的时候，我问自己：此时的我是一个记者吗？这和新闻事实有关吗？我就是想告诉这个孩子，艺术不是十几个考官的一纸分数能够决定的，重要的是它能不能打动人，实在不必如此轻易地放弃音乐。"面对这样一个执着和固执的孩子，记者无法把自己置身事外，而是给予了自己的理解和关切，这也正是记者身上难能可贵的使命感和正义感。我们很难想象一个没有社会责任感和良知的记者能给受众呈现一个鲜活而有生命力的新闻报道。

对于有人认为有些记者在采访时有表演成分的指责，记者也显得十分困惑："其实我是想用所有的电视手段来穷尽对事实的调查，可大家认为是作秀。"

在《双城的创伤》中，我们从片子上看到当采访对象因悲痛泣不成声时，坐着的记者离开座位，慢慢蹲下来，对那个孩子说，"不要哭，去洗个脸吧”,然后握住他的手并试图安慰他。这期节目在新闻界引起了很大的争议,大家觉得这是新闻吗?这是记者吗?为什么帮他擦眼泪?你应该起身离开,客观、中立地记录。而这位记者解释说:“我知道我是一个记者,但我也是一个人,回避不了人的情感。而节目播出后观众的来信让我非常感动,比如一个男孩子说看完节目之后,他和妈妈有了有生以来最深情的一次拥抱;还有一个小女孩说看完节目之后,她第一次试着跟弟弟温柔地交谈。我回到家的时候,传达室老大爷给我一封信,信上写着我们跟你住同一栋楼,看了双城的节目,非常感动,欢迎你住到这个小区。人们看完这期节目会有触动,这是非常好的感觉。”

《新闻调查》的一位记者说她在面对弱者时,对他们的一切能感同身受,因为自己曾经也是一个弱者,她能深深地体会到别人内心深处的痛苦和挣扎。在成为记者之后,她并没有失去内心最敏感、最柔弱的那部分。记者的善解人意和通情达理使得她的采访总能深入人心。

笔者认为,新闻的客观和理性与情感的流露不应该相互排斥,有时候记者的同情心和真诚,往往会使新闻作品有着非同寻常的震撼力。同时,给新闻注入适当的人文关怀更能体现人性的光芒。从传播学的角度来看,“由于主持人传播在大众传播的基础上注入了人际传播的因素,创造了一种独特的大众传播形态,成功实现了大众传播与人际传播的有效结合,实现了大众传播的人际化和人际传播的大众化，从而使大众传播的特性及传播效果发生了革命性的变化”[①]。在这种传播方式下，大众传播者“在提供信息满足受众对信息的要求的同时，给予受众一种人情味和亲近感，造成一个人与人相交往、相交流的虚幻的传播环境，并以此弥补了大众媒介传播所造成的受众的情感断流，从而使大众传播充满了生机和活力”[②]。

① 高贵武. 解析主持传播[M]. 北京：北京广播学院出版社，2004：14.
② 高贵武. 解析主持传播[M]. 北京：北京广播学院出版社，2004：18.

第七章

记者型主持人的发展趋势

随着记者型主持人在媒体一线所处的位置越来越重要，担负的责任越来越重大，敏锐的媒体工作者意识到，未来主持人的发展方向都应该向记者型主持人靠拢。身为记者型主持人的中央电视台主持人白岩松表示，“主持人是岗位，记者是职业，我认为记者高于一切”；凤凰卫视主持人刘芳认为，“所有主持人都应该是记者型主持人”①。那么，在飞速变革的媒体发展时期，记者型主持人应该如何提高自身竞争力，以及未来的发展趋势究竟如何，是本章需要探讨的问题。

第一节　学会和新媒体打交道

新媒体时代，人人都是信息的发布者，同时也是信息的消费者。身为媒体工作者的记者型主持人必须学会和新媒体打交道。新媒体

① 王媛．2013 华语主持传播高峰论坛在暨南大学举行[J]．中国广播电视学刊，2013(11)：104．

的出现，既增强了传受双方的互动性，也使得新闻业在受众心目中的神秘感有所降低。复旦大学周葆华教授在谈到新媒体对新闻业的影响时说：传统隐于“后台”的新闻从业者以及新闻生产过程通过新媒体平台走向了“前台”，直接面向公众传播，并与受众在“前台”展开了可见的交流，新闻业正变得日益“可视化”。[①] 随着微博、微信等新媒体平台的普及，我们能够接收到的信息越来越丰富。通过这些新媒体平台，受众不仅能看到记者调查取证的具体过程，还能在这一过程中与记者进行深入互动。记者也能够就某一专业领域与受众进行交流，给受众呈现作品之外的另一个自己。《华商报》的一名记者在“7・23”动车事故发生后曾经发过这样一条微博“今天送别杭征后，《京华时报》摄影记者曹宗文看到王惠抱着丈夫遗像坐车离开，顿时情绪失控，号啕大哭，被人架出温州的殡仪馆，他坐在马路牙子上痛哭了半个小时，泣不成声”[②]。通过这条微博，我们看到了作品之外记者的真情流露。

除此之外，随着网络的发展以及行动载具的多样化，现场直播、连线采访变得越来越便利。2016 年 9 月在杭州召开的 20 国集团领导人(G20)峰会可以说是对我国记者在新媒体环境下报道的一次全新考验。较以往论坛报道不同的是，这次论坛的规模之大、出席领导人级别之高、影响范围之广是近年来我国主办的活动中罕见的。G20 峰会吸引了 70 多个国家约 660 家外国媒体 5000 名记者注册参会，面对众多外国媒体的涌入，我国记者顺应新媒体发展趋势，采用了全新的报

① 周葆华.从“后台”到“前台”：新媒体技术环境下新闻业的“可视化”[J].传播与社会学刊，2013：37.

② 以上参考资料来自本文作者在上海交通大学“大学生传媒节”聆听周葆华副教授《新媒体环境下新闻业的“前台”与“后台”》讲座时所得。

道方式。人民日报社出品的基于H5互动技术的作品《习近平主席的G20微信群》将习主席作为群主,把与会的各国领导人拉到微信群中。习主席作为群主也是主讲人不断向大家介绍本次峰会的相关信息和成果。这种做法增强了受众的参与感和体验感。与会记者为保证将信息及时、有效地传送出去,还将一些新鲜设备带到了现场。这些设备是基于移动互联网时代下信息传播特点和受众接收渠道而发明的,无一例外都有着体积小、功能多的特点。例如,最简单的就是与会记者手持自拍杆用手机直播会议现场,这是最及时又最具群众基础的传播方式,现场感和代入感十足;此外,便携摄像机的使用率也大大增加,这种设备的主体是照相机,上面增加了无线话筒和新闻灯的支架,方便记者在随身携带的同时也能保证高清画质,最主要是机器后面的蓝牙可以将画面实时传输到电脑上;在会议现场,人们时常也能看见手持稳定器的身影,它主要用于移动镜头和大场景的拍摄;全景照相机虽然只有手机大小,但是具有4K30帧的高清分辨率,是全球范围内唯一能够进行移动虚拟现实(VR)直播的产品;4G传输设备连接摄像机后,只要在有手机信号的地方就可以进行实时信号回传,实现直播。此外,2017年短视频的快速崛起成功抢占了年轻人的手机屏幕。有数据显示,短视频App下载量在2017年上半年不仅保持快速增长,其用户的启动频率及使用时长也呈上升趋势。以土豆网为例,自2017年3月底转型做短视频以来,活跃用户数保持每月20%以上快速增长。[①]面对这一趋势,敏感的新闻人也作出了新的尝试,原澎湃新闻CEO邱

① 樊常亚.视频的全"竞"时代:三大趋势,四大升级点[EB/OL].(2017-09-06)[2017-09-07].http://news.jstv.com/a/20170906/156789.shtml.

兵创设资讯类短视频平台“梨视频”、界面新闻创设短视频纪录片平台“箭厂”等。这些短视频平台的推出更加体现了新闻的生动性、贴近性、时效性。

尽管新媒体为信息的传播带来了无限可能，然而需要注意的是，媒体人作为党和政府的喉舌，不论是在传统媒体中，还是在新媒体平台上，都应该恪守新闻专业主义，严于律己，树立正确的价值导向，做好百姓的传声筒，充分发挥党和政府与百姓间的纽带作用。

第二节　适应电视技术的发展

先进的电视技术不仅改进了传播形式，还在一定程度上优化了传播效果，带来全新的观看体验。近年来，随着国内媒体人视野的开阔，越来越多国外的优秀电视作品、电视制作理念和技术被引进到中国。这些新事物在激发媒体人不断突破创新的同时，也给受众以视觉上的享受。2011 年，全新改版的东方卫视开始尝试 360 度全景演播室，主持人站立、走动播报节目。随后，中央电视台新闻频道在一些特别报道中，尝试运用 3D 虚拟动画技术。例如，2014 年 12 月 29 日，中央电视台新闻频道播出的《南海一号》特别报道中就有主持人和 3D 虚拟动画技术的配合。2016 年 1 月，上海电视台魔都之眼演播室首次使用全自动直播系统，棚内配备无标记摄像跟踪系统，没有提词器，并实时搭配各种虚拟动画技术，考验着主持人的综合播报能力。

为响应习近平主席在 2013 年提出的“一带一路”倡议，中央电视台新闻频道在 2015 年 10 月推出“一带一路”特别报道《数说命运共同体》。节目中，记者欧阳夏丹在走访“一带一路”沿线国家时采用了实景加虚拟的技术，再配合长镜头的拍摄手法，实现了人物的“穿越”报道。这也就意味着欧阳夏丹的语言表达和体态语必须与拍摄机位运动的轨迹以及现场实景环境相一致，这样精准的要求对于欧阳夏丹来说是业务上一次全新的尝试。无独有偶，由《今日说法》衍生而来的周播节目《撒贝宁时间》，将往常单一实景或单一虚景的演播室改造成一边实景、一边虚景的演播室，主持人撒贝宁在节目中也玩起“穿越”，分别担任主持人和侦探两个角色。

此外，很多互联网从业者认为 VR 技术将会对各行各业起到颠覆性的作用。VR 技术是一种多源信息融合的、交互式的三维动态实景和实体行为的仿真系统。腾讯 CEO 马化腾预言这一技术将来可能颠覆微信；美国著名记者 Nonny de la Peña 预言这项技术将重塑新闻业，让受众对新闻场景产生更为真实的交互体验。

因此，记者型主持人等新闻从业人员应该做好应对措施，承认科技带来的便利性，主动接受、学习并适应它们，利用这些高科技，为受众带来更快、更好的新闻内容。

第三节　对数据保持高度的敏感性

“大数据”就是通过捕捉、挖掘人们上网留下的数据来解释背后隐藏的规律和趋势。近年来，“大数据”所引发的热潮被应用到各行各业。比如谷歌团队通过 Google Trends 搜索关键词,可以预测流感的散布趋势;洛杉矶警察局利用大数据可以预测犯罪的发生,等等。而基于大数据发展起来的数据新闻这些年在国内外新闻传播领域运用也逐渐增多,从早期英国《卫报》对数据新闻的试水,到如今媒体或通过以数据分析为报道手法创作新闻作品,或通过数据分析对受众进行精准定位,涵盖了传媒业的方方面面。随着新闻报道手法的不断丰富,还有记者把数据分析运用到新闻调查中作为事件调查的线索。菲利普·迈耶奖(Philip Meyer Award)是一项由美国调查记者与编辑协会和美国亚利桑那州立大学新闻学院共同颁发的新闻奖,用以嘉奖使用社会科学研究方法所做的优秀新闻报道。2015 年的评选竞争尤其激烈,最终,一项因揭露佛罗里达州部分学校重拾"隔离制",令黑人学生学业受损的数据调查报道摘取了当年的头等奖。美国调查记者与编辑协会执行总监表示,从 2015 年众多的作品中可以看出,越来越多的媒体正在使用复杂的数据分析。在国内,中央电视台新闻频道和百度数据合作,推出了多档数据新闻节目,如《数说春运》《数说两会》《数说过年》等,给受众带来了全新的信息接收体验,在业内引起很大反响。其中,最火的数据新闻节目莫过于《数说命运共同体》。记者欧阳夏丹不是简单地复述稿件,而是将自己的所见所闻、所思所想融入数据中,通过对数据的解读来诠释新闻故事,使得数据变得生动、鲜活。由此可见,对数据保持高度的敏感性,学会使用数据分析工具解读潜藏在数据背后的秘密,是记者型主持人在新媒体环境下必备的能力。

附录 《新闻调查》节目档案①(1996年—2016年)

1996 年			
期数	节目名称	出镜记者	播出时间
1	《宏志班》	白岩松	1996.05.17
2	《家庭中的暴力》	孙爱萍	1996.05.24
3	《中国的品牌》	白岩松、王利芬、余伟利	1996.06.07
4	《承诺 最后的关怀》	王 志	1996.06.21
5	《招牌中的文化倾向》	白岩松、王同业、朱建文	1996.07.01
6	《挺进塔里木》		1996.07.19
7	《一言难尽择校生》	王 志	1996.07.26
8	《新麦客》	童宁、索贵均	1996.08.02
9	《淮河水》	白岩松	1996.08.16
10	《平陆电厂兴衰记》	柏 杨	1996.08.30
11	《高校中的特殊群体》	余伟利	1996.09.06
12	《淄博停办陶艺节》	赵晓波	1996.09.13
13	《邯钢离我们有多远》	隆 莉	1996.09.20
14	《建筑质量何日无忧》	孙 杰	1996.09.27
15	《文明之行 始于足下》	曹 菈	1996.10.04
16	《职业道德的今天》	孙宝印	1996.10.11
17	《归国潮》	王 志	1996.10.18
18	《商战中的商标抢注》	王 志	1996.11.01

① 未填写出镜记者的节目均为纪录片形式。

续表

期数	节目名称	出镜记者	播出时间
19	《生命的救助》	胡劲草	1996.11.15
20	《花钱买管家值吗》	柏　杨	1996.11.22
21	《保护我们的草原》	海　天	1996.11.29
22	《税案追踪》	王　志	1996.12.06
23	《张家港三问》	王利芬	1996.12.13
24	《香港首任行政长官选举纪实》	水均益	1996.12.17
25	《报废车哪里去了 人象之争》	汪　力	1996.12.20
26	《明天我们怎样看病》	胡劲草	1996.12.27

1997 年			
期数	节目名称	出镜记者	播出时间
1	《细菌战调查》	刘爱民	1997.01.10
2	《公交能否优先》	白岩松	1997.01.17
3	《药费知多少》	索贵均	1997.01.24
4	《376 小时》	钱　钢	1997.01.31
5	《铁路面临重大改革》	王利芬	1997.02.14
6	《洋农民 高校外的小餐馆》	王蔚、杨继红	1997.02.28
7	《买房:梦想还是现实》	王　志	1997.03.07
8	《寻踪日全食》	王志、索贵均	1997.03.14
9	《重庆:中国第四直辖市》	王利芬	1997.03.21
10	《公开选拔“副局”》	敬一丹	1997.04.04
11	《高速路上的“红灯”》	孙　杰	1997.04.11
12	《假如明天洪水袭来》	王同业	1997.04.18
13	《冷链》	胡劲草	1997.04.25
14	《买旧货 卖旧货》	王　志	1997.05.02
15	《王宫署的命运 承诺引发的风波》	王志、叶晓琳	1997.05.09
16	《天津告别无偿分房》	王利芬	1997.05.16

续表

期数	节目名称	出镜记者	播出时间
17	《“胡子工程”备忘录》	王利芬	1997.05.23
18	《追踪私盐》	索贵均	1997.05.30
19	《孵雁为何成新闻》	胡劲草	1997.06.07
20	《法律援助在行动》	孙　杰	1997.06.14
21	《川北拍卖山坪塘》	王同业	1997.06.20
22	《守望者的见证》	钱　钢	1997.06.27
23	《回首中英谈判》	白岩松	1997.07.04
24	《恢复高考二十年》	王利芬	1997.07.18
25	《污染事件发生前后》	王同业	1997.07.25
26	《从取消百分制开始》	陈宝泉	1997.08.01
27	《国家的孩子》	长　江	1997.08.08
28	《难民营里的罪恶》	刘爱民	1997.08.15
29	《垃圾分类难在何处》	胡劲草	1997.08.29
30	《今天如何打官司》	长　江	1997.09.26
31	《国企改革备忘录》	王利芬	1997.10.03
32	《谁为太湖负责》	张　羽	1997.10.10
33	《国有究竟是谁有》	张　羽	1997.10.17
34	《碾张村 1997 年秋》	杨继红	1997.10.24
35	《跨世纪的访问》	王利芬、王志	1997.11.01
36	《在城乡结合部》	王　志	1997.11.14
37	《热血无价》	索贵均	1997.11.21
38	《风险风波》		1997.12.05
39	《厄尔尼诺探秘》	胡劲草	1997.12.19
40	《再访淮河》	王　志	1997.12.26

1998 年			
期数	节目名称	出镜记者	播出时间
1	《公告发出之后》	张　羽	1998.01.09
2	《沈阳如何过冬》	杨继红	1998.01.16
3	《刺桐大桥》	王利芬	1998.01.23
4	《“初级”意味着什么》	长　江	1998.02.06
5	《哈尔滨反腐行动》	王同业	1998.02.13
6	《空中传奇》	钱　钢	1998.02.20
7	《反季节蔬菜》	张　羽	1998.02.27
8	《第二条长安街》	长　江	1998.03.06
9	《再就业的人们》	胡劲草、王志	1998.03.13
10	《跨世纪的政府》	王利芬	1998.03.20
11	《寒亭故事》	殷亚敏	1998.03.27
12	《打假追踪》	王　志	1998.04.10
13	《从市长到囚犯》	钱　钢	1998.04.17
14	《大官村里选村官》	胡劲草	1998.04.24
15	《广播电视发展录》	张　羽	1998.05.01
16	《面对分流的公务员》	王利芬	1998.05.08
17	《国企亏损背后》	长　江	1998.05.15
18	《腐败团伙覆灭记》	张　羽	1998.05.22
19	《生命的延续:试管婴儿十岁了》	张羽、殷亚敏	1998.05.29
20	《大学面对挑战》	钱　钢	1998.06.05
21	《查处虚假统计》	张　羽	1998.06.12
22	《大峡谷》	张　兢	1998.06.19
23	《大国的握手》	王利芬	1998.06.26
24	《包头禁毒》	长　江	1998.07.03
25	《火车也能承包?!》	王　志	1998.07.10
26	《执法者的自律》	张　羽	1998.07.17
27	《官车如何刹车》	殷亚敏	1998.07.24
28	《大山里的志愿者》	长　江	1998.07.31

续表

期数	节目名称	出镜记者	播出时间
29	《从窑洞走上法庭》	王利芬	1998.08.07
30	《保卫荆江》	张　羽	1998.08.15
31	《荆州:第六次洪峰》	王利芬	1998.08.23
32	《钢铁八连》	张　羽	1998.08.28
33	《43 个孩子的特殊家庭》	张　羽	1998.09.04
34	《救灾捐款如何发放》	王　志	1998.09.11
35	《跨国追索走私文物》	王　志	1998.09.18
36	《广州报业如何竞争》	李大同	1998.09.25
37	《民营资本进入钦州港》	长　江	1998.10.02
38	《透视运城渗灌工程》	王利芬	1998.10.16
39	《“黑脸”姜瑞峰》	王　志	1998.10.23
40	《死囚忏悔 精神损失赔偿》	张羽、殷亚敏	1998.10.30
41	《中国第一税案》	张　羽	1998.11.06
42	《谁来监督腐败厂长》	张　羽	1998.11.13
43	《寡妇村:走过从前》	王　志	1998.11.20
44	《厂长被捕的背后》	王　志	1998.11.27
45	《江总书记到安徽》	王利芬	1998.12.03
46	《灾民如何过冬》	王　志	1998.12.04
47	《备忘 1998》	王　志	1998.12.25

1999 年			
期数	节目名称	出镜记者	播出时间
1	《沉浮“亚细亚”》	张　羽	1999.01.08
2	《流入境内的假钞》	长　江	1999.01.15
3	《政府如何采购》	王　志	1999.01.22
4	《重庆基层反腐启示》	张　羽	1999.01.29
5	《万名犯人大转移》	王　志	1999.02.05
6	《面临择业的大学生　从上访到下访》	刘江贤、冯雷	1999.02.12

续表

期数	节目名称	出镜记者	播出时间
7	《山顶上的希望》	刘江贤	1999.03.05
8	《落后村来了新支书》	长 江	1999.03.12
9	《国企最大破产案》	王 志	1999.03.19
10	《首钢 面对首都天空》	张 羽	1999.03.26
11	《诈骗中的圈套》	张 羽	1999.04.02
12	《第二次生命》	王 志	1999.04.09
13	《搁浅的撤职令》	张 羽	1999.04.23
14	《眼球丢失的背后》	王 志	1999.04.30
15	《硝烟中的霸权》	王利芬	1999.05.14
16	《战火中的中国记者》	王利芬、王志、 张羽、长江 前方记者：王卓、 王晓琨、高伟、王齐放	1999.05.21
17	《小官办大事》		1999.05.28
18	《今日新青年》	王利芬	1999.06.04
19	《十万年薪聘教授》	陈艳振	1999.06.11
20	《藏羚羊之死》	王 志	1999.06.18
21	《迎战二噁英》	长 江	1999.06.25
22	《探寻东方马其诺防线》	张 羽	1999.07.02
23	《小官大贪》	张 羽	1999.07.09
24	《高校大扩招》	王志、张羽	1999.07.16
25	《祸国殃民"法轮功"》	王 志	1999.07.26
26	《"两国论"的分裂实质》	张 羽	1999.08.20
27	《胡万林商丘现形记》	王 志	1999.08.27
28	《炸死骗保第一案》	长 江	1999.09.03
29	《逃亡日记》	张 羽	1999.09.10
30	《没有起诉的辍学案》	张 羽	1999.09.17
31	《我记忆中的开国大典》	张 羽	1999.09.24
32	《在国庆大游行背后》	王 志	1999.10.08

续表

期数	节目名称	出镜记者	播出时间
33	《共和国不会忘记》	王　志	1999.10.15
34	《特大野生动物走私案》	张　羽	1999.10.22
35	《商品房面积之争》	王　志	1999.10.29
36	《非常离婚》	刘江贤	1999.11.05
37	《中国空军面对现代战争》	刘江贤	1999.11.12
38	《WTO：中国汽车面对挑战》	王　志	1999.11.19
39	《强制执行刘晓庆案》	刘江贤	1999.11.26
40	《营救“盛鲁号”》	长　江	1999.12.03
41	《“烂泥工程”揭底》	王　志	1999.12.10
42	《扫黑：回归前行动》	王　志	1999.12.17
43	《贩毒家庭覆灭记》	长　江	1999.12.24

2000年			
期数	节目名称	出镜记者	播出时间
1	《目击 UFO?》	王　志	2000.01.07
2	《县官的官司》	长　江	2000.01.14
3	《手机大战》	刘江贤	2000.01.21
4	《高中语文课本改革》	刘江贤	2000.01.28
5	《互联网和我》	董　倩	2000.02.18
6	《国企如何被蛀空》	王　志	2000.02.27
7	《少年凶犯独白》	王　志	2000.03.03
8	《西部大开发》	王　志	2000.03.10
9	《贪官胡长清》	王　志	2000.03.17
10	《左肾未探及》	董　倩	2000.03.24
11	《鱼死之谜》	王　志	2000.03.31
12	《安全套进校园》	王　志	2000.04.07
13	《车祸发生之后》	刘江贤	2000.04.14

续表

期数	节目名称	出镜记者	播出时间
14	《质疑电话收费》	董　倩	2000.04.21
15	《探寻陕北私人油井》	董　倩	2000.04.28
16	《最后的民办教师》	姚宇军	2000.05.05
17	《沙起额济纳》	刘江贤	2000.05.12
18	《非常被告》	张　羽	2000.05.19
19	《诺贝尔奖离我们有多远》	王　志	2000.05.26
20	《东芝事件》	张　羽	2000.06.02
21	《婚礼后的诉讼》	董　倩	2000.06.09
22	《被告杨剑昌》	王　志	2000.06.16
23	《"村村通"之后》	刘江贤	2000.06.23
24	《叩问未来》	张　羽	2000.06.30
25	《幸存者证言》	董　倩	2000.07.07
26	《羊泉村记忆》	董　倩	2000.07.14
27	《古城正在消逝》	董　倩	2000.07.21
28	《七里沟悬疑》	王　志	2000.07.28
29	《"维尔康"为尔康?》	王　志	2000.08.04
30	《市民 市长 城市》	长　江	2000.08.11
31	《牛状元不"牛"了》	王利芬	2000.08.21
32	《探秘传销大本营》	谭　芸	2000.08.25
33	《白酒遭遇警示》	董　倩	2000.09.01
34	《郑百文会破产吗?》	长　江	2000.09.08
35	《七米账单》	郭　月	2000.09.15
36	《成克杰腐败案》	王　志	2000.09.16
37	《被告:县政府》	冉　军	2000.09.22
38	《名誉的价值》	董　倩	2000.09.29
39	《中国奥运军团》	白岩松	2000.10.06
40	《21号裁决书》	长　江	2000.10.13
41	《赌博人生》	王　志	2000.10.20

续表

期数	节目名称	出镜记者	播出时间
42	《判决未被执行》	长　江	2000.10.27
43	《无责任事故》	杨　春	2000.11.03
44	《农民承包国家马戏团》	长　江	2000.11.10
45	《走进新疆》	长　江	2000.11.17
46	《社区学校》	董　倩	2000.11.24
47	《戒毒者自白》	王　志	2000.12.02
48	《合同第六条》	李文静	2000.12.09
49	《生命的留言》	董　倩	2000.12.16
50	《罗润俏的官司》	王　志	2000.12.23

2001年			
期数	节目名称	出镜记者	播出时间
1	《千年的寻找》	李文静	2001.01.06
2	《追踪伪劣输液器》	长　江	2001.01.13
3	《行贿日记 少女董书君》	长江、董倩	2001.01.20
4	《走过2000》	王志、董倩、长江、李文静	2001.01.27
5	《第二监狱的春节》	杨　春	2001.02.03
6	《血债累累“法轮功”》	董倩、长江、杨春李文静	2001.02.10
7	《黑色交易》	李文静	2001.02.17
8	《暴风雪过后》	董　倩	2001.02.24
9	《人民代表》	董　倩	2001.03.10
10	《正副厅长两巨贪》	长　江	2001.03.17
11	《转化之路》	李文静	2001.03.24
12	《温岭黑帮真相》	杨　春	2001.03.31
13	《绛县的经验》	董　倩	2001.04.07

续表

期数	节目名称	出镜记者	播出时间
14	《海灯神话》	长　江	2001.04.14
15	《深圳新速度》	李文静	2001.04.21
16	《行贿大公家》	杨　春	2001.04.28
17	《直面心理障碍》	徐　慨	2001.05.05
18	《死亡可以请求吗》	董　倩	2001.05.12
19	《范李之死》	杨　春	2001.05.19
20	《铁面局长》	长　江	2001.05.26
21	《家有聋儿》	董　倩	2001.06.02
22	《死而复生》	长　江	2001.06.09
23	《大上海　小民警》	杨　春	2001.07.07
24	《申奥故事》	董　倩	2001.07.14
25	《鉴定的困惑》	长　江	2001.07.21
26	《爆破专家王百姓》	徐　慨	2001.07.28
27	《医院,公有变私有?》	李文静	2001.08.04
28	《黄龙,机构精简之后》	董　倩	2001.08.11
29	《厦门特大走私案:走私黑幕》	杨春、王志	2001.08.17
30	《厦门特大走私案:罪恶陷阱》	长江、王志	2001.08.18
31	《追踪问题大米》	长　江	2001.08.25
32	《走进文楼村》	董　倩	2001.09.01
33	《生命的期盼》	董　倩	2001.09.08
34	《九月十八日》	张小琴	2001.09.15
35	《水心村罢"村官"》	杨　春	2001.09.22
36	《大厅里的政府》	李文静	2001.09.29
37	《户口的故事》	杨　春	2001.10.13
38	《中国与APEC》	董　倩	2001.10.20
39	《张家界:黄牌警告之后》	张小琴	2001.10.27
40	《谈判十五年》	董倩、王志	2001.11.03
41	《直面性骚扰》	长　江	2001.11.17

续表

期数	节目名称	出镜记者	播出时间
42	《药品回扣内幕》	王　志	2001.11.24
43	《艾滋病人小路》	王　志	2001.12.01
44	《南丹矿难内幕》	杨　春	2001.12.08
45	《“封闭”的市场》	杨　春	2001.12.15
46	《“黑哨”内幕》	杨　春	2001.12.29

2002 年			
期数	节目名称	出镜记者	播出时间
1	《最后的保障线》	张小琴	2002.01.05
2	《探秘紫茎泽兰》	董　倩	2002.01.12
3	《中国第一骗税案》	长　江	2002.01.26
4	《重婚证据》	长　江	2002.02.02
5	《走过 2001》	董　倩	2002.02.09
6	《大毒枭谭晓林》	杨　春	2002.02.23
7	《杨八郎村纪事》	长　江	2002.03.02
8	《打工子弟学校》	长　江	2002.03.09
9	《让人民评判》	董　倩	2002.03.16
10	《与神话较量的人》	王　志	2002.03.23
11	《田庄与孟邱》	杨　春	2002.04.06
12	《城市里的海选》	董　倩	2002.04.13
13	《内江城管透视》	长　江	2002.04.20
14	《远离职业危害》	长　江	2002.04.27
15	《关注飞行安全》	杨春、长江	2002.05.11
16	《保护校园安全》	杨　春	2002.05.18
17	《出征世界杯》	董　倩	2002.05.25
18	《球迷——共同的名字》	杨　春	2002.06.08
19	《性教育课堂》	长　江	2002.06.15

续表

期数	节目名称	出镜记者	播出时间
20	《玉池村的故事》	长　江	2002.06.22
21	《与灾难打交道的人》	王　志	2002.06.29
22	《福冈劳工诉讼案》	董　倩	2002.07.06
23	《豆蔻的年华》	王　志	2002.07.13
24	《走出深渊》	李玉强	2002.07.20
25	《罪恶旅程》	杨　春	2002.07.27
26	《拒绝色情声讯台》	董　倩	2002.08.03
27	《石光银的选择》	董　倩	2002.08.10
28	《高中大扩招》	杨　春	2002.08.17
29	《疫苗风波》	王　志	2002.08.24
30	《探险之路》	杨春、董倩	2002.09.01
31	《"蝎王"的骗局》	董　倩	2002.09.07
32	《再就业的上海思路》	董　倩	2002.09.16
33	《揭秘"东突"恐怖势力》	王　志	2002.09.21
34	《北京公交再聚焦》	张　羽	2002.09.28
35	《铁路向拉萨延伸》	杨　春	2002.10.12
36	《闹剧的背后》	李玉强	2002.10.19
37	《财权变革》	杨　春	2002.10.26
38	《城市的门槛》	长　江	2002.11.02
39	《党章的历程》	董　倩	2002.11.09
40	《向农民道歉》	李　冰	2002.11.16
41	《第十五部党章》	董　倩	2002.11.23
42	《中国艾滋病报告》	董　倩	2002.11.30
43	《最后的警示》	董　倩	2002.12.07
44	《民航重组》	杨　春	2002.12.14
45	《测谎仪解谜》	长　江	2002.12.21
46	《监利税费改革》	杨　春	2002.12.28

2003年			
期数	节目名称	出镜记者	播出时间
1	《当超市面对行政执法》	杨　春	2003.01.04
2	《偷渡揭秘》	王　志	2003.01.11
3	《死亡名单》	曲长缨	2003.01.18
4	《走过2002》	董倩、长江、杨春、王志	2003.01.25
5	《父子协议》	长　江	2003.02.08
6	《寻亲十八年》	长　江	2003.02.15
7	《中国维和警察》	董　倩	2003.02.22
8	《红豆杉》	杨　春	2003.03.01
9	《中国虚拟人》	董　倩	2003.03.08
10	《学习化村庄》	董　倩	2003.03.15
11	《药品降价风波》	长　江	2003.03.29
12	《"3·22"矿难调查》	汪　力	2003.04.05
13	《溪坪村旁的化工厂》	杨　春	2003.04.12
14	《一个教师的意外死亡》	杨　春	2003.04.19
15	《北京:"非典"阻击战》	柴　静	2003.04.26
16	《广东:"非典"遭遇战》	徐　慨	2003.05.12
17	《城市"非典"民工》	杨　春	2003.05.19
18	《北京物资保障线》	长　江	2003.05.24
19	《征服感染》	柴　静	2003.05.25
20	《"非典"时期的王府井》	柴　静	2003.05.26
21	《"非典"突袭人民医院》	柴　静	2003.06.02
22	《"非典"元凶果子狸?》	徐慨、杨春、长江	2003.06.09
23	《校规第20条》	长　江	2003.06.16
24	《走进淘大花园》	长　江	2003.06.23
25	《一心为民好书记——郑培民》	董　倩	2003.06.30
26	《世纪的诉讼》	杨　春	2003.07.07
27	《阿文的噩梦》	柴　静	2003.07.14
28	《双城的创伤》	柴　静	2003.07.21

续表

期数	节目名称	出镜记者	播出时间
29	《深圳二线改革》	徐 慨	2003.07.28
30	《走私内幕》	徐 慨	2003.08.04
31	《农民连续自杀调查》	杨 春	2003.08.11
32	《繁峙矿难内幕》	长 江	2003.08.18
33	《"8・4"事件调查》	柴 静	2003.08.25
34	《地方病氟中毒调查》	杨 春	2003.09.08
35	《乙肝歧视》	长 江	2003.09.15
36	《选举现场枪击案》	杨 春	2003.09.15
37	《暗访前后》	长 江	2003.09.22
38	《解读"南平机制"》	杨 春	2003.09.29
39	《廉洁工程》	长 江	2003.10.13
40	《航天征程》	杨 春	2003.10.17
41	《村官的价格》	柴 静	2003.10.20
42	《无果的种子》	杨 春	2003.10.27
43	《派出所里的坠楼事件》	杨 春	2003.11.03
44	《事故的背后》	柴 静	2003.11.10
45	《狠杀报刊摊派风》	长江、柴静、杨春	2003.11.17
46	《起搏器的纠纷》	徐 慨	2003.11.24
47	《艾滋孤儿的家》	柴 静	2003.12.01
48	《无罪的代价》	柴 静	2003.12.08
49	《无灾人祸》	杨 春	2003.12.15
50	《枉法追溯》	长 江	2003.12.22
51	《地下危机》	杨 春	2003.12.29

2004年			
期数	节目名称	出镜记者	播出时间
1	《张润栓的年关》	柴　静	2004.01.05
2	《走进打工妹》	长江、柴静	2004.01.12
3	《回望2003》	杨春、长江、柴静	2004.01.19
4	《中国医生在非洲》	长　江	2004.02.02
5	《博士从政》	柴　静	2004.02.09
6	《迟来的正义》	长　江	2004.02.16
7	《"5·31"案侦破记》	长　江	2004.02.23
8	《怒江的选择》	杨　春	2004.03.01
9	《职业教育在平度》	张鸿勋	2004.03.08
10	《大山里的警民学校》	杨　春	2004.03.15
11	《宪法的与时俱进》	杨　春	2004.03.16
12	《失却的光明》	柴　静	2004.03.22
13	《白血病儿童》	长　江	2004.03.29
14	《命运的琴弦》	柴　静	2004.04.05
15	《无水的绿洲》	柴　静	2004.04.12
16	《西安体彩风波》	张鸿勋	2004.04.19
17	《摘不掉的"红帽子"》	杨　春	2004.04.26
18	《拍卖风波》	杨　春	2004.05.10
19	《山阴的枪声》	杨　春	2004.05.17
20	《深圳外贸骗局揭秘》	柴　静	2004.05.24
21	《"铁本"扩张始末》	张鸿勋	2004.05.31
22	《辽宁警务改革》	杨　春	2004.06.07
23	《动物福利》	长　江	2004.06.14
24	《涂岭的拆迁》	柴　静	2004.06.21
25	《彩票发行背后》	杨　春	2004.06.28
26	《侯仁的法宝》	张鸿勋	2004.07.05
27	《传销网中的大学生》	长　江	2004.07.12

续表

期数	节目名称	出镜记者	播出时间
28	《钟祥投毒案再调查》	柴　静	2004.07.19
29	《血液安全的隐患》		2004.07.26
30	《征地的纠纷》		2004.08.02
31	《河流与村庄》	长　江	2004.08.09
32	《交通局长赵家富》	长　江	2004.09.06
33	《心灵的成长》	柴　静	2004.09.13
34	《飞翔的奥秘》	张鸿勋	2004.09.20
35	《生死三小时》	柴　静	2004.09.27
36	《解谜民工荒》	柴　静	2004.10.11
37	《从南疆到北疆》	杨　春	2004.10.18
38	《直击"5·16"大案》	杨　春	2004.10.25
39	《佰什坎的孩子们》	柴　静	2004.11.01
40	《戒毒者的家》	张鸿勋	2004.11.08
41	《网瘾少年》	柴　静	2004.11.15
42	《兵团女人》	杨　春	2004.11.22
43	《拯救》		2004.11.29
44	《流失的黑土地》	胡劲草	2004.12.06
45	《证人李秀英》		2004.12.13
46	《远去的生命》	敬一丹	2004.12.20
47	《交法第七十六条》	敬一丹	2004.12.27

2005年			
期数	节目名称	出镜记者	播出时间
1	《海殇》	柴静、杨春、张鸿勋	2005.01.10
2	《失衡的媒介》	柴　静	2005.01.17
3	《民间反扒队》	郝俊英	2005.01.24
4	《加盟陷阱》	徐　涛	2005.01.31

续表

期数	节目名称	出镜记者	播出时间
5	《回访 2004》		2005.02.07
6	《胡卫民医生》	杨　春	2005.02.21
7	《女子监区调查》	柴　静	2005.02.28
8	《后陈村的变革》	杨　春	2005.03.07
9	《梁锥村调查》	杨　春	2005.03.14
10	《被起诉的杂志社》	柴　静	2005.03.21
11	《流浪少年》	柴　静	2005.03.28
12	《“红色”警戒》	柴静、杨春	2005.04.04
13	《奔赴尼亚斯》	杨　春	2005.04.11
14	《陈丹青出走》	柴　静	2005.04.18
15	《中日经贸关系解析》	杨春、张鸿勋	2005.04.25
16	《大营盘小学调查》	敬一丹	2005.05.09
17	《“神童”的成长》	杨　春	2005.05.16
18	《张子海打官司》	柴　静	2005.05.23
19	《关怀》	敬一丹	2005.05.30
20	《重返班达亚齐》	杨　春	2005.06.06
21	《障碍・无障碍》	敬一丹	2005.06.13
22	《沉重的矿山》		2005.06.20
23	《归途如虹》	张　龙	2005.06.27
24	《追踪投资神话》	柴　静	2005.07.04
25	《广龙村的忧伤》	杨　春	2005.07.11
26	《流逝的月牙泉》	敬一丹	2005.07.18
27	《生命中不能承受之重》	柴　静	2005.07.25
28	《病历官司》	杨　春	2005.08.01
29	《以生命的名义》	柴　静	2005.08.08
30	《军国的背影》	孙宝印	2005.08.15
31	《救助站的困惑》	柴　静	2005.08.22
32	《一体的城乡》	杨　春	2005.08.29

续表

期数	节目名称	出镜记者	播出时间
33	《连锁危机》	郭宇宽	2005.09.05
34	《项城经验》	胡劲草	2005.09.12
35	《榆社:教育之痛》	杨　春	2005.09.19
36	《精神病人暴力事件调查》	柴　静	2005.09.26
37	《追索十六年的名誉》	柴　静	2005.10.10
38	《快乐学习》	杨　春	2005.10.17
39	《注射隆胸》	柴　静	2005.10.24
40	《三轮车夫与警察》	杨　春	2005.10.31
41	《记者的故事》	柴　静	2005.11.07
42	《七年鉴定坎坷路》	柴　静	2005.11.14
43	《天价住院费》	郭宇宽	2005.11.21
44	《同伴教育》		2005.11.28
45	《阻断》		2005.12.05
46	《看病难》	郭宇宽	2005.12.12
47	《新型毒品》	柴　静	2005.12.19
48	《农民看病现状调查》	董　倩	2005.12.26

2006 年			
期数	节目名称	出镜记者	播出时间
1	《文明城市的诞生》	杨　春	2006.01.09
2	《等待救助的孤儿》	敬一丹	2006.01.23
3	《被开除的女大学生》	杨　春	2006.02.06
4	《长大未成人》	柴　静	2006.02.13
5	《乡镇负债》	杨　春	2006.02.20
6	《业主维权故事》	杨　春	2006.02.27
7	《申纪兰代表》	郭宇宽	2006.03.13
8	《洋山港》	董　倩	2006.03.20

续表

期数	节目名称	出镜记者	播出时间
9	《举报人李文娟》	董　倩	2006.03.27
10	《以公众的名义》	柴　静	2006.04.03
11	《医保疑团》	郭宇宽	2006.04.10
12	《长风二村》	杨　春	2006.04.17
13	《一只猫的非常死亡》	柴　静	2006.04.24
14	《西安交大——开元之困》	柴　静	2006.05.08
15	《十年 记忆》		2006.05.17
16	《等待真相》	古　兵	2006.05.22
17	《教授村官》	郭宇宽	2006.05.29
18	《汽车维修陷阱》	杨　春	2006.06.05
19	《“1·11”缉毒行动》	杨　春	2006.06.26
20	《尴尬的致富路》	杨　春	2006.07.03
21	《回归之路》	敬一丹	2006.07.10
22	《吉林:玉米的困扰与突围》	古　兵	2006.07.17
23	《回望唐山三十年》	柴　静	2006.07.24
24	《崛起的新唐山》	古　兵	2006.07.30
25	《奥运的脚步》	柴　静	2006.08.07
26	《留守儿童》	敬一丹	2006.08.14
27	《谁为爆炸案负责》	柴　静	2006.08.21
28	《抗旱》	柴　静	2006.08.28
29	《走私车链》	古　兵	2006.09.04
30	《化隆寻枪》	杨　春	2006.09.11
31	《走向谈判工会》	郭宇宽	2006.09.25
32	《地贫患儿死亡悬疑》	柴　静	2016.10.17
33	《高招迷局》	柴　静	2006.10.23
34	《黑肺》	柴　静	2006.11.27

2007年			
期数	节目名称	出镜记者	播出时间
1	《艺校学生陪酒事件调查》	柴　静	2007.01.09
2	《反流氓软件之路》	古　兵	2007.01.15
3	《“问题少年”训练营》	柴　静	2007.01.23
4	《亿万“富”翁显形记》	柴　静	2007.02.06
5	《中央公寓的秘密》	柴　静	2007.04.23
6	《保定:新能源之路》	古　兵	2007.04.30
7	《走近“香港倒移民”十年变迁》	长　江	2007.07.09
8	《清理党政机关违规楼》	柴　静	2007.09.23
9	《麻柳乡的民主之路》	柴　静	2007.10.21
10	《社工行动》		2007.11.04
11	《心灵的教育》	古　兵	2007.11.11
12	《为了食品安全》	古　兵	2007.11.25
13	《走近残奥会》	敬一丹	2007.12.01
14	《虎照疑云》	柴　静	2007.12.08
15	《南京:记忆七十年》	敬一丹	2007.12.13
16	《锁金社区的幸福指数》	敬一丹	2007.12.22
17	《朗琴园物业变局》	古　兵	2007.12.29

2008年			
期数	节目名称	出镜记者	播出时间
1	《聚焦〈劳动合同法〉》	谭　芸	2008.01.05
2	《开平违法批地案调查》	柴　静	2008.01.12
3	《“病有所医”不遥远》	古　兵	2008.01.19
4	《工业设计的奥秘》	敬一丹	2008.01.26
5	《对话房地产商》	柴　静	2008.02.02
6	《风雪年关》	董　倩	2008.02.09
7	《广州:房市之变》	古　兵	2008.02.16

续表

期数	节目名称	出镜记者	播出时间
8	《善事为何没有善终》	柴　静	2008.02.23
9	《女代表》	李　冰	2008.03.08
10	《南京:破解看病贵与难》	孙宝印	2008.03.22
11	《重建圆明园之争》	孙宝印	2008.03.29
12	《旧西藏的封建农奴制》	孙宝印	2008.04.13
13	《透视东西方封建农奴制》	孙宝印	2008.04.20
14	《拉萨二中的非常记忆》	古　兵	2008.04.27
15	《不可分割的领土》	古　兵	2008.05.04
16	《羌族杨柳坪村震后七日生活纪实》	柴　静	2008.06.09
17	《成都:亲历521》	古　兵	2008.06.15
18	《向峨乡纪事》	古　兵	2008.06.21
19	《为了奥运的安全》	孙宝印	2008.06.29
20	《汶川:重建的选择》	柴　静	2008.07.05
21	《永远的火炬手》	敬一丹	2008.07.12
22	《奥运之行》	古　兵	2008.07.19
23	《汽车新动力》	孙宝印	2008.07.26
24	《奥运:吃在北京》	阿　丘	2008.08.02
25	《探营轮椅橄榄球队》	敬一丹	2008.08.31
26	《许霆的罪与罚》	柴　静	2008.09.13
27	《残奥瞬间》	柴　静	2008.09.20
28	《发展之路　始于足下》		2008.10.12
29	《农民工律师》		2008.10.18
30	《慢慢回归路》		2008.10.25
31	《铁西的变迁》		2008.11.02
32	《导盲犬Lucky之旅》	敬一丹	2008.11.09
33	《成都的实践》		2008.11.16
34	《征地破局》		2008.11.22
35	《台商30年》		2008.11.30

续表

期数	节目名称	出镜记者	播出时间
36	《破冰:走向开放》	孙宝印	2008.12.05
37	《破冰:招商引资》	孙宝印	2008.12.06
38	《破冰:村民自治》	孙宝印	2008.12.07
39	《破冰:民营经济》	孙宝印	2008.12.08
40	《破冰:法治之路》	孙宝印	2008.12.09
41	《破冰:文艺复苏》	孙宝印	2008.12.10
42	《破冰:融入世界》	孙宝印	2008.12.01

2009 年			
期数	节目名称	出镜记者	播出时间
1	《民企造车路》	古　兵	2009.02.07
2	《圈钱迷途》	古　兵	2009.02.21
3	《拷问食品安全》	古　兵	2009.02.28
4	《转型向前进》		2009.03.07
5	《调查“躲猫猫”》	古　兵	2009.03.14
6	《以求是之名》	柴　静	2009.03.21
7	《低碳·新探索》	孙宝印	2009.04.04
8	《汶川的重建》	孙宝印	2009.04.11
9	《土地拍卖悬案》	孙宝印	2009.04.18
10	《一个售假者的自我救赎》	古　兵	2009.04.25
11	《清明 杨柳坪》	柴　静	2009.05.02
12	《都江堰重建新城乡》	古兵、白云生	2009.05.09
13	《流感来袭:甲型 H1N1》	古　兵	2009.05.16
14	《关注 40 亿捐赠》	柴　静	2009.05.23
15	《真假罗彩霞》	孙宝印	2009.06.13
16	《抗生素的警告》	孙宝印	2009.06.20
17	《面对资源枯竭》	孙宝印	2009.07.04

续表

期数	节目名称	出镜记者	播出时间
18	《面对气候变化》	孙宝印	2009.07.11
19	《见证"7.5"事件》	孙宝印	2009.07.18
20	《新疆作证》	孙宝印	2009.07.25
21	《上海楼倒事件》	柴　静	2009.08.01
22	《丈量大地的人们》	孙宝印	2009.08.08
23	《网瘾之戒》	柴　静	2009.08.22
24	《安居的希望》	孙宝印、柴静	2009.08.29
25	《我竞选:社区党委书记》	古　兵	2009.09.05
26	《法律样本:孙伟铭案》	柴　静	2009.09.12
27	《松花江:休养生息》	敬一丹	2009.09.19
28	《投资西藏》	孙宝印、古兵	2009.09.26
29	《上海:等待世界的造访》	孙宝印	2009.10.10
30	《沈阳:信访新路》	古　兵	2009.10.17
31	《"三生教育"课堂》	孙宝印	2009.10.24
32	《鉴证千年之缘》	孙宝印	2009.10.31
33	《中美携手 清洁能源》	敬一丹	2009.11.07
34	《"世界通"真相》	孙宝印、郝俊英	2009.11.14
35	《垃圾焚烧之惑》	古　兵	2009.11.21
36	《手机网络的色情秘密》	古　兵	2009.11.28
37	《中国减排进行时》	董　倩	2009.12.12
38	《成都:叫停奥运的背后》	孙宝印	2009.12.19
39	《沈浩:小岗村记忆》	董倩、古兵	2009.12.26

2010 年			
期数	节目名称	出镜记者	播出时间
1	《听证风波》	董　倩	2010.01.16
2	《中国维和警察》	董　倩	2010.01.23

续表

期数	节目名称	出镜记者	播出时间
3	《海冰袭来》	郝俊英	2010.01.30
4	《取消中考?》	孙宝印	2010.02.06
5	《塔里木:漫长的征服》	董倩、刘雪松	2010.02.20
6	《发现曹操墓》	董倩、刘雪松	2010.02.27
7	《转型向前进》		2010.03.07
8	《谁为农民工维权》		2010.03.13
9	《需要法律保护的猫?》	孙宝印	2010.03.20
10	《医疗能免费吗》	董　倩	2010.03.27
11	《塔铺村72小时》		2010.04.03
12	《营救王家岭》	古　兵	2010.04.10
13	《云南水问》	李小萌	2010.04.17
14	《玉树表情》		2010.04.26
15	《三问世博》	董　倩	2010.05.08
16	《三访杨柳坪》	孙宝印	2010.05.15
17	《疯狂的裸聊》	孙宝印	2010.05.22
18	《寻找龚曲此里》	敬一丹	2010.05.30
19	《三元村的高尔夫之痛》	古　兵	2010.06.05
20	《浦东二十年》		2010.06.12
21	《职业的创伤》	郝俊英	2010.06.19
22	《垃圾困局》	孙宝印	2010.06.26
23	《决堤之后》	杨　春	2010.07.03
24	《乡村检察官》	孙宝印	2010.07.10
25	《疯狂高利贷》	杨　春	2010.07.19
26	《工资可以协商吗?》	古　兵	2010.07.29
27	《毕业证骗局》	杨　春	2010.08.01
28	《吴起 免费教育实验》	孙宝印	2010.08.07
29	《同舟同家》	孙宝印	2010.08.15
30	《洪峰过三峡》	董　倩	2010.08.22

续表

期数	节目名称	出镜记者	播出时间
31	《宏城花园的较量》	古　兵	2010.09.05
32	《穷广东调查》	董　倩	2010.09.12
33	《“问诊”京藏高速大拥堵》	孙宝印	2010.09.19
34	《277 个假身份》	古　兵	2010.09.26
35	《揭秘嫦娥二号》	杨　春	2010.10.03
36	《远离故土的人们》	孙宝印	2010.10.10
37	《特大交通事故背后》	孙宝印	2010.10.17
38	《焚烧 探索垃圾出炉》	古　兵	2010.10.31
39	《红椿巷拆迁记》	孙宝印	2010.11.07
40	《血荒》	古　兵	2010.11.21
41	《京沪高铁速度与安全》	孙宝印	2010.12.12

2011 年			
期数	节目名称	出镜记者	播出时间
1	《拥堵时代》	董　倩	2011.01.15
2	《艾滋病人的家》	李小萌	2011.01.23
3	《钱云会之死》	王晓清	2011.01.27
4	《把权利还给农民》	董　倩	2011.01.30
5	《新生代农民工》	董　倩	2011.02.13
6	《干旱 城市的反思》	王晓清	2011.02.19
7	《新闻调查特别节目 国家行动》	董　倩	2011.03.04
8	《日本大地震》	孙宝印	2011.03.19
9	《追问核电安全》	孙宝印	2011.03.26
10	《黑哨内幕》	杨　春	2011.03.31
11	《电力高速路》	古　兵	2011.04.09
12	《拍卖骗局》	古　兵	2011.04.16
13	《从上海到枞阳》	王晓清	2011.04.30

续表

期数	节目名称	出镜记者	播出时间
14	《被遗忘的尘肺病》	孙宝印	2011.05.14
15	《都江堰 民意的重建》		2011.05.21
16	《父爱迷途》	杨　春	2011.05.28
17	《失落的圆白菜》		2011.06.11
18	《拐卖重伤》	王晓清	2011.06.18
19	《鄱阳湖之痛》	杨　春	2011.06.25
20	《北京:暴雨之痛》	孙宝印	2011.07.02
21	《铅污染 谁之过》	白云升	2011.07.09
22	《乡村医生》	杨　春	2011.07.16
23	《马悦凌神话》	郝俊英	2011.07.23
24	《教育困境》	孙宝印	2011.07.30
25	《被质疑的红十字》	王晓清	2011.08.06
26	《煤炭局长的生财路》	古　兵	2011.08.13
27	《血燕真相》	郝俊英	2011.08.20
28	《藏羚羊 劫难后的复兴》	朱兴建	2011.08.27
29	《贵州水问》	杨　春	2011.09.11
30	《铬渣的警告》	董　倩	2011.09.17
31	《温州村的噩梦》	刘楠	2011.09.24
32	《天宫探秘》	董　倩	2011.09.30
33	《苹果的另一面?》	杨　春	2011.10.15
34	《沉重的裸婚》	董　倩	2011.10.22
35	《七年 未完成的拆迁》	董　倩	2011.10.23
36	《痛苦的欧洲》	王志安	2011.10.29
37	《百万大移民》	王晓清	2011.11.05
38	《医保新路》	孙宝印	2011.11.19
39	《再访玉树》	杨　春	2011.11.12
40	《CSA 实验》	郝俊英	2011.11.26
41	《疯狂的宝藏》	杨　春	2011.12.03

续表

期数	节目名称	出镜记者	播出时间
42	《与“狼”共舞》	董　倩	2011.12.10
43	《脏油之链》	孙宝印	2011.12.17
44	《前足协官员》		2011.12.24

2012年			
期数	节目名称	出镜记者	播出时间
1	《被烧伤的艾滋病人》		2012.01.07
2	《大山里的校车》	王晓清	2012.01.14
3	《回家》		2012.01.21
4	《难以缝合的伤口》	王志安	2012.02.11
5	《感动十年》		2012.02.18
6	《又到外出打工时》	孙宝印	2012.02.25
7	《他是雷锋》		2012.03.03
8	《2012〈刑事诉讼法〉大修》	王志安	2012.03.10
9	《苦涩熊胆》	孙宝印	2012.03.17
10	《漫长的较量》	王晓清	2012.03.24
11	《为了儿子的遗愿》	杨　春	2012.03.31
12	《增收的脚步》	王志安	2012.04.07
13	《留住手艺》	白云升	2012.04.14
14	《PM2.5迷雾》	王志安	2012.04.21
15	《红旗渠的守护者》	柴　璐	2012.04.28
16	《温州 金融改革再出发》	董　倩	2012.05.05
17	《重回杨柳坪》	张晓楠	2012.05.12
18	《挺进深海》	张晓楠	2012.05.19
19	《私了》	王志安	2012.05.26
20	《被拷问的死亡飙车》	王志安	2012.06.02
21	《生命的礼物》	孙宝印	2012.06.09

续表

期数	节目名称	出镜记者	播出时间
22	《80后航天人》	张晓楠	2012.06.17
23	《被拐卖的童年》	王晓清	2012.06.23
24	《漂在香港》	长　江	2012.06.30
25	《北上 北上》	董　倩	2012.07.07
26	《弑母》	孙宝印	2012.07.14
27	《巡航南海》	张晓楠	2012.07.22
28	《北京不眠夜》	王志安 孙宝印	2012.07.31
29	《慈善之惑》	张晓楠	2012.08.18
30	《会呼吸的河道》	张晓楠	2012.08.25
31	《伦敦奥运的另一面》	李庆庆	2012.09.01
32	《大学生 小老板》	王晓清	2012.09.08
33	《黄金大米谜中谜》	王志安	2012.09.15
34	《钓鱼岛:历史与主权》	张晓楠	2012.09.16
35	《哈尔滨倒桥事故调查》	王晓清	2012.09.22
36	《农民何以变股民》	王志安	2012.09.29
37	《留守空巢》	王志安	2012.10.06
38	《免费的考验》	王志安	2012.10.13
39	《库布其之路》	张晓楠	2012.10.20
40	《预警山洪》	孙宝印	2012.10.27
41	《问诊大客车》	孙宝印	2012.11.03
42	《探路风电》	张晓楠	2012.11.10
43	《温州公车改革》	王志安	2012.11.17
44	《煤城求变》	孙宝印	2012.11.24
45	《何老汉寻子记》	张晓楠	2012.12.01
46	《北大荒之变》	张晓楠	2012.12.06
47	《再问黄金大米》	王志安	2012.12.09
48	《罗阳:追梦航空》	孙宝印	2012.12.15
49	《陈店的伤痛》	王志安	2012.12.22
50	《睡在桥下的兄弟》	王晓清	2012.12.29

2013 年			
期数	节目名称	出镜记者	播出时间
1	《当孩子离去》	王晓清	2013.01.05
2	《乡村幼儿园的困与惑》	孙宝印	2013.01.12
3	《兰考:未抚平的伤痛》	张晓楠	2013.01.19
4	《追查死亡名单》	孙宝印	2013.01.26
5	《贩婴畸路》	孙宝印	2013.02.02
6	《探秘西沙》	王志安	2013.02.23
7	《北大荒之变》	张晓楠	2013.03.02
8	《黄浦江死猪事情调查》	王志安	2013.03.23
9	《发泡餐盒沉浮记》	张晓楠 孙宝印	2013.03.30
10	《天价乌木之争》	王晓清	2013.04.06
11	《被伤害的孩子》	张晓楠	2013.04.13
12	《震后古城村》	王志安	2013.04.27
13	《解密走私大案》	王志安	2013.05.04
14	《遗址》	王晓清	2013.05.11
15	《头号难题》		2013.05.18
16	《长在城中村》	孙宝印	2013.05.25
17	《淮河癌伤》	王志安	2013.06.01
18	《赤岗 新村》	张晓楠	2013.06.08
19	《加纳淘金梦》	郝俊英	2013.06.15
20	《垃圾场之忧》	孙宝印	2013.06.29
21	《微笑中的告别》	张晓楠	2013.07.06
22	《井下的五次爆炸》	张晓楠、孙宝印	2013.07.13
23	《难以抵达的归途》	王志安	2013.07.20
24	《城管与小贩》	王晓清	2013.07.27
25	《小井盖 大问题》	孙宝印	2013.08.03
26	《断裂带上的家园》	王志安	2013.08.10
27	《从产房开始的贩婴》	孙宝印	2013.08.17
28	《城中犬事》	王晓清	2013.08.24

续表

期数	节目名称	出镜记者	播出时间
29	《最后的水上人家》	孙宝印	2013.08.31
30	《生死救援》	孙宝印	2013.09.07
31	《一个村庄的垃圾分类》	郝俊英	2013.09.14
32	《"海娜号"邮轮被扣调查》	王志安	2013.09.23
33	《难以入住的新房》	孙宝印	2013.09.28
34	《大山深处的年轻教师》	王晓清	2013.10.05
35	《"减害降焦"迷局》	王志安	2013.10.12
36	《整酒》	孙宝印	2013.10.19
37	《假将军现形记》	孙宝印	2013.10.26
38	《胡万林的"神医江湖"》	王志安	2013.11.02
39	《"双11"来了》	郝俊英	2013.11.16
40	《让候鸟飞》	孙宝印	2013.11.23
41	《请让我这样离去》	孙宝印	2013.11.30
42	《被遗弃的人生》	王志安	2013.12.07
43	《我来当村官》	孙宝印	2013.12.21
44	《性侵犯:隐形的罪恶》	王晓清	2013.12.28

2014年			
期数	节目名称	出镜记者	播出时间
1	《六年拆迁路》	王志安	2014.01.04
2	《夺命快递》	张晓楠	2014.01.11
3	《山村幼儿园》	孙宝印	2014.01.18
4	《"雨人"们的上学路》	王晓清	2014.01.25
5	《草坡乡搬迁记》	鲁　健	2014.02.08
6	《被延误的航班》	王志安	2014.02.15
7	《家有老人》	孙宝印	2014.02.22
8	《开往春天的地铁》	郝俊英	2014.03.01

续表

期数	节目名称	出镜记者	播出时间
9	《H7N9禽流感之问》	王晓清	2014.03.16
10	《护航亚丁湾》	孙宝印	2014.03.22
11	《走廊医生》	王志安	2014.03.29
12	《象牙之殇》	张晓楠	2014.04.05
13	《到诉求中心去》	郝俊英	2014.04.19
14	《打开关东宪兵秘密档案》	孙宝印	2014.04.25
15	《短命的居民楼》	王晓清	2014.04.26
16	《兰州饮用水污染调查》	王志安	2014.05.10
17	《被永久关闭的煤矿》	孙宝印	2014.05.17
18	《歧途少年》	孙宝印	2014.05.24
19	《刘汉黑社会组织覆灭记》	孙宝印	2014.05.25
20	《慕课来了》	张晓楠	2014.05.31
21	《什邡困局》	郝俊英	2014.06.07
22	《南海渔民》	王晓清	2014.06.14
23	《寻踪污染物》	王志安	2014.06.21
24	《寻找中国远征军遗骸》	郝俊英	2014.07.05
25	《上海滩的拆迁难题》	王晓清	2014.07.12
26	《嘉桐街病人的一天》	郝俊英	2014.07.19
27	《维吾尔族乡村的国语小学》	孙宝印	2014.08.02
28	《震中一日》	王晓清	2014.08.09
29	《突如其来的拆迁》	王晓清	2014.08.23
30	《大旱下的西刘庄》	张晓楠	2014.08.30
31	《不该被遗忘的老兵》	郝俊英	2014.09.06
32	《少年之死背后》	王晓清	2014.09.13
33	《高墙里的官员们》	郝俊英	2014.09.20
34	《罕见之痛》	张晓楠	2014.09.27
35	《村里来了儿童福利主任》	孙宝印	2014.10.06
36	《又到黄金周》	郝俊英	2014.10.11

续表

期数	节目名称	出镜记者	播出时间
37	《震后的七七组》	王晓清	2014.10.18
38	《停业的妇产科》	王志安	2014.10.25
39	《冷冻胚胎之争》	王晓清	2014.11.01
40	《水面上争执》	王志安	2014.11.08
41	《被起诉的强拆》	王志安	2014.11.15
42	《失地之后》	孙宝印	2014.11.22
43	《我有一条“黑狗”》	张晓楠	2014.11.29
44	《村里的三十六条》	孙宝印	2014.12.06
45	《人证》	孙宝印	2014.12.13
46	《难以飞跃的精神病院》	王志安	2014.12.27

2015年			
期数	节目名称	出镜记者	播出时间
1	《“指挥部”迷局》	张晓楠	2015.01.03
2	《十八年后的无罪判决》	王晓清	2015.01.10
3	《猎狐2014》	孙宝印	2015.01.17
4	《当伤害来自亲人》	王晓清	2015.01.24
5	《新农合之困》	郝俊英	2015.01.31
6	《陇东婚事》	郝俊英	2015.02.07
7	《污染后的天价诉讼》	王晓清	2015.02.14
8	《假面下的叛逆》	孙宝印	2015.03.07
9	《被拐卖的缅甸新娘》	张晓楠	2015.03.21
10	《下围村故事》		2015.03.28
11	《当健康遭遇危机》	张晓楠	2015.04.04
12	《废墟上的重建》		2015.04.18
13	《我是创客》	张晓楠	2015.05.02
14	《新型合成毒品之忧》	王志安	2015.05.23

续表

期数	节目名称	出镜记者	播出时间
15	《庆安枪击案调查》	王志安	2015.05.30
16	《村有老人》	张晓楠	2015.06.13
17	《巡航湄公河》	王晓清	2015.06.20
18	《探寻甲午史迹》		2015.06.27
19	《出租车垄断破局》	王志安	2015.07.04
20	《疯狂的盗墓》	张晓楠	2015.07.11
21	《玉门的变迁》	王志安	2015.07.18
22	《重庆大轰炸》	长　江	2015.07.25
23	《智珠寺风云》	郝俊英	2015.08.01
24	《西部村庄纪事》	张晓楠	2015.08.08
25	《解密 731》	张晓楠	2015.08.15
26	《抗战中的侨胞》		2015.08.29
27	《桑家的七十年 》	孙宝印	2015.09.05
28	《电梯惊魂背后》	长　江	2015.09.12
29	《无臂的援手》	长　江	2015.10.03
30	《致远归来》	孙宝印	2015.10.10
31	《车祸疑云》	孙宝印	2015.10.24
32	《安达棚改纪事》	孙宝印	2015.10.31
33	《翻供》	郝俊英	2015.11.14
34	《恐怖幽灵》	长　江	2015.11.21
35	《创业味道》	张晓楠	2015.12.05
36	《寻访乐西公路》	张晓楠	2015.12.12
37	《老马的拆迁生活》		2015.12.19
38	《被吞噬的工业园》	长　江	2015.12.26

2016年			
期数	节目名称	出镜记者	播出时间
1	《无法终结的上访》	郝俊英	2016.01.09
2	《从上访到上诉》	孙宝印	2016.01.16
3	《单身男女》	张晓楠	2016.01.23
4	《福田镇芒果故事》	孙宝印	2016.01.30
5	《36天生死救援》	长　江	2016.02.06
6	《小费一家人》	郝俊英	2016.02.20
7	《钱仁风的罪与疑》	孙宝印	2016.02.27
8	《亲密关系暴力》	孙宝印	2016.03.19
9	《黑色困局》	长　江	2016.03.26
10	《家在丰三村》	郝俊英	2016.04.02
11	《偷渡》	孙宝印	2016.04.09
12	《发现海昏侯》	孙宝印	2016.04.16
13	《新机场拆迁记》	王志安	2016.04.23
14	《怒江:从开发到停建》	张晓楠	2016.04.30
15	《被顶替的人生》	孙宝印	2016.05.07
16	《猜猜我是谁》	长　江	2016.05.14
17	《生物治疗 乱象与真相》	长　江	2016.05.21
18	《北京控烟》	张晓楠	2016.05.28
19	《人道救援的中国力量》		2016.06.04
20	《让监督硬起来》	长　江	2016.06.11
21	《返乡,返乡?》	张晓楠	2016.06.18
22	《长江防汛再遇大考》		2016.07.03
23	《污染治理的淮河样本》	孙宝印	2016.07.09
24	《南海仲裁:法律外衣下的闹剧》		2016.07.16
25	《太湖抗洪记》		2016.07.23
26	《2016洪峰过三峡》	孙宝印	2016.07.30
27	《烂尾的重点项目》	沙　晨	2016.08.27
28	《罪名》	郝俊英	2016.09.10

续表

期数	节目名称	出镜记者	播出时间
29	《黑暗中的舞者》	长江	2016.09.16
30	《长江新思维 与洪水为伴》	孙宝印	2016.09.24
31	《小留学生》	沙晨	2016.10.02
32	《老年科记事》	王宁	2016.10.08
33	《秦岭茶园春夏秋》	陈耀文	2016.10.15
34	《走过雪山草地》		2016.10.22
35	《生命接力》	长江	2016.10.29
36	《山村疑案》	孙宝印	2016.11.05
37	《谁是真凶》		2016.11.19
38	《致命的欺凌》	孙宝印	2016.11.26
39	《南京·大桥记忆》		2016.12.03
40	《丰山镇的孩子们》	郝俊英	2016.12.10
41	《一座慰安所的去与留》		2016.12.17
42	《疯狂的宝藏》	孙宝印	2016.12.24
43	《2016 堤上的人们》		2016.12.25

2017 年			
期数	节目名称	出镜记者	播出时间
1	《村里来了第一书记》	长　江	2017.01.07
2	《七个被刑罚的女孩》	孙宝印	2017.01.14
3	《回家 2017》		2017.01.21
4	《我的父亲母亲》		2017.02.04
5	《毕业了(上)》		2017.02.11
6	《毕业了(下)》		2017.02.18
7	《讨薪》		2017.02.25
8	《直面北京“大城市病”》	长　江	2017.03.11
9	《艰难执行路》	沙　晨	2017.03.18

续表

期数	节目名称	出镜记者	播出时间
10	《留守的世界(上)》		2017.03.25
11	《留守的世界(下)》		2017.04.01
12	《家暴阴影下的罪与罚》	孙宝印	2017.04.08
13	《巨贪村官》	王晓清	2017.04.15
14	《地丁花剧社》	长　江	2017.04.22
15	《熊猫纪事》	长　江	2017.05.06
16	《副教授韩春雨》		2017.05.20
17	《出狱前的最后50米(上)》	孙宝印	2017.05.27
18	《出狱前的最后50米(下)》	孙宝印	2017.06.03
19	《网购陷阱》	沙　晨	2017.06.10
20	《“孤岛”的孩子》	孙宝印	2017.06.17
21	《龙卷风之后》	沙　晨	2017.06.24

参考文献

一、著作类

1. 张颂. 中国播音学[M]. 北京:中国传媒大学出版社,2003.

2. 张颂. 播音创作基础[M]. 北京:中国传媒大学出版社,2011.

3. 吴郁. 当代广播电视播音主持[M]. 上海:复旦大学出版社,2005.

4. 吴郁. 主持人思维与语言能力训练路径[M]. 北京:中国广播电视出版社,2013.

5. 吴郁. 主持人语言表达技巧[M]. 北京:中国广播电视出版社,2011.

6. 吴郁. 提问:主持人必备之功[M]. 北京:中国广播电视出版社,2008.

7. 于根元. 语言能力极其分化 [M]. 北京:北京广播学院出版社,2004.

8. 於春. 中国电视节目主持三十年研究(1980—2010)[M]. 北京:中国传媒大学出版社,2013.

9. 张洁,吴征. 调查《新闻调查》[M]. 北京:文化艺术出版社,2006.

10. 赵华. 央视《新闻调查》幕后解秘[M]. 北京:中国广播电视出版社,2008.

11. 夏骏,王坚平. 目击历史:《新闻调查》幕后的故事[M]. 北京:文化艺术出版社,1999.

12.《新闻调查》栏目组. "调查"十年——一个电视栏目的生存记忆[M]. 北京:生活·读书·新知三联书店,2006.

13. 张龙. 记者型主持人角色论[M]. 北京:中国广播电视出版社,2009.

14. 张凌云. 凤凰卫视记者的国际传播理念与实践研究[M]. 济南:山东人民出版

社,2015.

15. 孙玉胜. 十年:从改变电视语态开始[M]. 修订本. 北京:人民文学出版社,2012.

16. 徐泓. 不要因为走得太远而忘记为什么出发——陈虻,我们听你讲[M]. 北京:中国人民大学出版社,2013.

17. 柴静. 看见[M]. 桂林:广西师范大学出版社,2013.

18. 胡智锋. 电视传播艺术学[M]. 北京:北京大学出版社,2004.

19. 徐舫州,徐帆. 电视节目类型学[M]. 杭州:浙江大学出版社,2006.

20. 朱羽君,雷蔚真. 电视采访学[M]. 北京:中国人民大学出版社,2003.

21. 张军华. 影像·话语·文本——叙事分析视野中电视新闻传播[M]. 长沙:湖南师范大学出版社,2012.

22. 欧阳照. 电视新闻的叙事学研究[M]. 重庆:重庆大学出版社,2010.

23. 崔林. 电视新闻语言:模式·符号·叙事[M]. 北京:中国广播电视出版社,2009.

24. 崔林. 电视新闻直播报道现场的叙事[M]. 北京:中国传媒大学出版社,2012.

25. 李良荣. 当代西方新闻媒体[M]. 上海:复旦大学出版社,2003.

26. 王纬. 镜头里的“第四势力”[M]. 北京:北京广播学院出版社,1999.

27. 高鑫. 电视纪实作品创作 [M]. 北京:学苑出版社,2004.

28. 休伊特. 60分钟:黄金档电视栏目的50年历程[M]. 马诗远,林洲英,译. 北京:清华大学出版社,2004.

29. 田海龙. 语篇研究:范畴、视角、方法[M]. 上海:上海外语教育出版社,2009.

30. 黄敏. 新闻话语中的言语表征研究[M]. 上海:华东师范大学出版社,2012.

31. 殷俊. 媒介新闻评论学 [M]. 成都:四川大学出版社,2005.

32. 李特约翰. 人类传播理论[M]. 史安斌,译. 北京:清华大学出版社,2004.

33. 查特曼. 故事与话语:小说和电影的叙事结构[M]. 徐强,译. 北京:中国人民大学出版社,2013.

34. 普林斯. 叙事学:叙事的形式与功能[M]. 徐强,译. 北京:中国人民大学出版社,2013.

35. 克兰迪宁. 叙事探究——原理、技术与实例[M]. 鞠玉翠,译. 北京:北京师范大学出版社,2012.

36. 吉. 话语分析导论:理论与方法[M]. 杨炳钧,译. 重庆:重庆大学出版社,2011.

二、学术期刊类

1. 罗幸. 论记者型主持人的职业素养[J]. 中国广播电视学刊,2013(10).

2. 罗幸. 中国调查性报道初探——浅析中央电视台《新闻调查》栏目[J]. 学术论坛,2009(06).

3. 陈梦轶. 融媒时代记者型主持人的发展趋势[J]. 青年记者,2013(12).

4. 朱静宜. 媒介融合下记者型主持人的素养研究[J]. 才智,2012(09).

5. 刘枫. 记者型主持人的能力要求及培养模式[J]. 中国广播电视学刊,2011(02).

6. 徐建芳. 地方新闻台亟需培养记者型新闻节目主持人[J]. 新闻界,2006(03).

7. 刘辉. 记者型主持人的养成[J]. 青年记者,2009(06).

8. 曹晨. 我国记者型主持人风格成因探究[J]. 暨南学报,2013(06).

9. 韩博. 浅析记者型主持人的人文关怀意识[J]. 中国报业,2014(08).

10. 谭天. 记者型主持人如何体现人文关怀[J]. 记者摇篮,2008(10).

11. 张继娅. 论财经节目记者型主持人的专业素养[J]. 浙江传媒学院学报,2009(04).

12. 韩博. 记者型主持人采访报道的四个转变[J]. 中国记者,2014(08).

13. 陈昕. 出镜记者如何向记者型主持人角色转型[J]. 东南传播,2010(10).

14. 杜鑫. 允文允武的"记者型主持人" [J]. 南方电视学刊,2014(02).

15. 张凯旋. 记者型主持人叙事策略探析[J]. 科技传播,2014(09).

16. 陈慧、张梦格. 论深度报道节目中记者型主持人的语言艺术[J]. 青春岁月，2013(09).
17. 张龙. 论记者型主持人的角色行为——以 CCTV《新闻调查》栏目主持人为例[J]. 现代传播，2008(12).
18. 陈显君. 电视调查性报道中的记者话语分析[J]. 东南传播，2009(05).
19. 阙华燕.《新闻调查》出镜记者的叙事立场分析[J]. 考试周刊，2011(52) .
20. 李德刚. 电视新闻调查性报道的叙事策略[J]. 声屏世界，2004(07).
21. 李德刚. 电视新闻调查性报道的叙事方式[J]. 中国广播电视学刊，2004(04).
22. 刘宏宇. 电视新闻调查性报道的叙事分析——《新闻调查》个案研究[J]. 电视研究，2003(09).
23. 葛翔，敖邵平. 电视新闻调查性报道的叙事学解读——CCTV《新闻调查》个案研究[J]. 现代视听，2008(06).
24. 王翔. 画面语言及细节处理对电视调查性报道的叙事影响[J]. 新闻知识，2012(12).
25. 惠平平. 浅谈调查性报道的叙事视角——以《南方周末》"大学生救人溺水身亡"报道为例[J]. 新闻世界，2011(06).
26. 李广栋. 浅析调查性报道的叙事结构——以央视《新闻调查》为例[J]. 阅读与写作，2007(04).
27. 徐培枝. 调查性报道的叙事[J]. 新闻大学，2009(10).

三、学位论文类

1. 邓媛. 主持人与电视新闻话语：以"柴静现象"为中心[D]. 长沙：湖南大学，2014.
2. 阙华燕. 论《新闻调查》出镜记者的叙事特质 [D]. 兰州：兰州大学，2009.
3. 胡宏云. 电视调查性报道的叙事学研究——以中央电视台《新闻调查》为例

[D]. 西安:西北大学,2008.

4. 肖潇. 电视调查性报道的叙事艺术探索——以《新闻调查》为例[D]. 长沙:湖南师范大学,2008.

5. 王竞秀. 新媒介语境对电视调查性报道叙事的影响因素分析——以央视《新闻调查》为例[D]. 长春:东北师范大学,2011.

6. 姜秋雯. 陆止于此,海始于斯:当下中国调查性报道之批判性话语分析[D]. 北京:中央民族大学,2012.

7. 程雅堃. 记者型新闻节目主持人传播行为研究——以结构主义符号学为研究视域[D]. 济南:山东师范大学,2013.

8. 刘茗蔚. 论记者型电视节目主持人[D]. 济南:山东师范大学,2009.

四、参考网站类

1. http://www. cctv. com.

2. http://blog. sina. com. cn/chjguancha.

3. http://www. chaijing. com/cjbbs/index. asp?

4. http://news. tom. com.

5. http://board. verycd. com/t286500. htm.

6. http://academic. mediachina. net/.